1. Auflage                 Februar 2019
Verlagsanschrift           Kreuzstraße 23
                           D-91077 Neunkirchen    Deutschland
Satz und Layout            © IPM Edition

Bibliografische Information der Deutschen Nationalbibliothek:
Die Deutsche Nationalbibliothek verzeichnet diese Publikation in der Deutschen Nationalbibliografie; detaillierte bibliografische Daten sind im Internet über http://dnb.dnb.de abrufbar.

Herstellung und Verlag:
© 2019   ISBN  9783749421862
BoD – Books on Demand, Norderstedt

Helmut Moldaschl

# Das kleine Buch von Obst und Gemüse

# Inhalt

| | | |
|---|---|---:|
| Die Wirkung von Obst und Gemüse | | 9 |
| Die Bedeutung  Sekundärer Pflanzenstoffe | | 11 |
| 1 | Der Apfel | 12 |
| 2 | Die Avocado | 14 |
| 3 | Die Banane | 16 |
| 4 | Die Birne | 18 |
| 5 | Die Erdbeere | 20 |
| 6 | Die Feige | 23 |
| 7 | Die Grapefruit | 25 |
| 8 | Die Heidelbeere | 27 |
| 9 | Die Kirsche | 29 |
| 10 | Die Pflaume | 31 |
| 11 | Der Brokkoli | 33 |
| 12 | Die Gurke | 35 |
| 13 | Die Karotte | 39 |
| 14 | Der Knoblauch | 41 |
| 15 | Der Kohl | 42 |
| 16 | Der Kopfsalat | 45 |
| 17 | Der Mais | 47 |
| 18 | Die Paprika | 49 |
| 19 | Der Spargel | 51 |
| 20 | Der Spinat | 54 |
| 21 | Die Tomate | 56 |
| 22 | Die Zwiebel | 58 |
| Wichtige Hinweise | | 60 |

# Die Wirkung von Obst und Gemüse

Obst und Gemüse enthalten Vitamine und Mineralstoffe für den Aufbau von Zellen, Blutkörperchen, Knochen, Zähnen.

Damit erfüllen sie wichtige Aufgaben im Stoffwechsel und beim Zusammenspiel von Nerven und Muskeln. Vitamin A etwa ist wichtig für das Sehvermögen, Vitamin D für die Calciumaufnahme und gesunde Knochen.

Weil der menschliche Organismus Vitamine und Mineralstoffe nicht selbst herstellen kann, muss man sie ihm über die Nahrung geben. Am besten über vitamin- und mineralstoffreiches Gemüse und Obst.

Überdies braucht der menschliche Körper Ballaststoffe für die Verdauung. Diese Stoffe kommen fast ausschließlich in pflanzlichen Lebensmitteln vor.

Pflanzenfasern werden vom Menschen kaum verdaut. Ballaststoffreiche Lebensmittel bewirken daher einen lang anhaltenden Sättigungseffekt, ohne das Körpergewicht zu beeinflussen.

Darüber hinaus regen Ballaststoffe die Darmtätigkeit an und fördern die Verdauung: so wird Beschwerden wie Verstopfung, Hämorrhoiden und Divertikulose entgegengewirkt.

Außerdem senkt eine hohe Ballaststoffzufuhr die Cholesterolkonzentration im Blut und wirkt sich günstig auf das Niveau der Blutzuckerwerte und auf das Risiko von Störungen des Fettstoffwechsels aus.

Eine hohe Zufuhr von Ballaststoffen senkt das Risiko für Übergewicht, Bluthochdruck, Herzinfarkt, Diabetes mellitus Typ2 und Darmkrebs. Die Deutsche Gesellschaft für Ernährung empfiehlt deshalb (für Jugendliche wie Erwachsene) als Minium 30 Gramm Ballaststoffe pro Tag.

Neben Vollkorngetreide in Müsli und Brot sind folgende Obst- und Gemüsesorten besonders gute Lieferanten:

Äpfel: zwei große Äpfel (ca. 500 g) enthalten ca. 12 g Ballaststoffe. Auch Birnen, Johannisbeeren, Erdbeeren, Orangen und Bananen sind ballaststoffreiche Obstsorten.

Spitzenreiter bei den Gemüsesorten ist der Rosenkohl: 200g enthalten ca. 10 Gramm Ballaststoffe.

Ballaststoffreich sind außerdem Blumenkohl, Möhren, Rotkohl, grüne Paprika und Kartoffeln.

# Die Bedeutung Sekundärer Pflanzenstoffe

Obst und Gemüse sind bunt. Sie schmecken und duften gut. Dafür sorgen unter anderem die sogenannten *Sekundären Pflanzenstoffe*.

Erst in den letzten Jahren haben Wissenschaftler deren entzündungshemmende und antibakterielle Wirkungen erkannt. Sie senken das Risiko von Herz-Kreislauf- und Krebserkrankungen.

Es sind rund hunderttausend Sekundäre Pflanzenstoffe bekannt. Unter anderem *Polyphenole*. Sie sind in Pflanzen gebunden, und obwohl sie keine lebenswichtigen Nährstoffe sind, haben sie antioxidative Eigenschaften. Da Polyphenole kein unbedingter Bestandteil unserer Ernährung sind und ihr gesundheitlicher Nutzen überdies noch diskutiert wird, gibt es noch keine belastbaren Empfehlungen zu den Einnahmemengen.

Lediglich Olivenöl enthält mit *Hydroxytyrosol* ein Polyphenol, das zum Schutz der Blutfette vor oxidativem Stress ("Rosten der Blutgefäße") beiträgt. Eine günstige Wirkung erhält man durch einen täglichen Verzehr von etwa zwei Esslöffeln Olivenöl (20 g).

Obst sind Früchte oder Samen von mehrjährigen Sträuchern und Bäumen, also zum Beispiel von einem Apfelbaum. Mehrjährig heißt, dass die Pflanzen nach dem Setzen immer weiter wachsen, jeden Frühling blühen und neue Früchte ausbilden. Jedes Jahr aufs Neue und sich viele Jahre lang wiederholend. Manche Apfelbäume sind hundert Jahre alt.

Gemüse kann man nicht so lange ernten. Wird eine Gemüsepflanze gesetzt, so stirbt sie nach spätestens zwei Jahren ab. Deshalb müssen beispielsweise jedes Jahr wieder Tomatenpflanzen eingesetzt werden, um dann einen Sommer lang Tomaten ernten zu können. Zum Gemüse können verschiedene Teile einer Pflanze gehören, nicht nur Früchte oder Samen. So ist die Möhre beispielsweise die Wurzel der Pflanze.

# 1   Der Apfel

Der Apfel entstand aus einer Kreuzung von Holzapfel und Zwergapfel und zählt zur Familie der Rosengewächse. Der Apfelbaum ist ein sommergrüner Laubbaum mit im Wechsel stehenden ovalen, meist gesägten Blättern. Das Holz des Baumes ist rötlich und zählt zu den heimischen Edelhölzern. Der Baum blüht je nach Sorte meist zwischen April und Juni. Der zum Verzehr geeignete Kulturapfel, der *malus domestica*, besteht aus Schale, Fruchtfleisch und dem Kerngehäuse.

Weltweit gibt es etwa 20.000 verschiedene Sorten, die sich deutlich voneinander unterscheiden in Geschmack, Konsistenz und im Nährwert. Beliebte Sorten sind Braeburn, Elstar, Jonagold und Gala.

Bekannte Anbaugebiete in Deutschland das Alte Land bei Hamburg und die Gegend rund um den Bodensee.

Äpfel sind kulinarische Alleskönner. Ob als Kompott, Mus, roh, gekocht, als Füllung in Geflügelgerichten, würzig zubereitet oder süß in Kuchen – ihre Verwendungsmöglichkeiten sind vielfältig. Roh eignet sich der Apfel zum Beispiel mit Bananen und Pflaumen für Obstsalate. Herzhaft schmeckt er in Kartoffel- oder Matjessalat. Zusammen mit geriebenem Meerrettich gilt er als klassische Beilage von Tafelspitz.

Schälen sollte man die Frucht nicht, denn die meisten Vitamine und Ballaststoffe sitzen in und unter der Schale.

Spezielle Lagertechniken sorgen dafür, dass Äpfel acht bis zehn Monate nach der Ernte ihre optimale Reife noch nicht überschritten haben. Die Hauptsaison reicht von August bis Oktober.

Etwa die Hälfte der bei uns verzehrten Äpfel kommt aus Deutschland, der Rest aus Italien, Frankreich, Österreich und den Niederlanden. Im Frühjahr und Sommer stammen Importe aus Neuseeland, Südamerika und Südafrika.

Äpfel mögen es kühl. In Plastikbeuteln mit kleinen Luftlöchern verpackt lagern sie gut im Kühlschrank bei ein bis drei Grad, im Keller oder der Garage. Der Plastikbeutel sorgt dafür, dass der Apfel nicht so schnell schrumpelig wird. Das Kernobst reift nach. Das Reifegas Ethylen lässt auch andere Frücht wie Bananen schneller reifen wenn sie zusammen mit Äpfeln gelagert werden.

Über 30 Vitamine und Spurenelemente sind in einem Apfel enthalten. 100 bis 180 Milligramm Kalium und viele andere wertvolle Mineralstoffe wie Phosphor, Calcium, Magnesium oder Eisen trägt ein durchschnittlich großer Apfel in und unter seiner Schale. Dabei besteht er zu 85 Prozent aus Wasser und hat nur rund 60 Kilokalorien.

100 Gramm enthalten:

Energie: 55 kcal, 232 kJ.

Nährstoffe: Protein 0.3 g, Fett 0.3 g, Kohlenhydrate 11.7 g,

Nahrungsfasern 2.1 g.

Mineralstoffe: Natrium 4 mg, Kalium 120 mg, Calcium 5 mg, Phosphor 9 mg, Magnesium 4 mg.

Vitamine: $B_1$ 0.03 mg, $B_2$ 0.02 mg, $B_6$ 0.05 mg, C 5 mg, E 0.5 mg.

# 2  Die Avocado

*Avocados* sind Beerenfrüchte aus der Familie der Lorbeergewächse.

Sie wachsen an bis zu 15 Meter hohen Bäumen. Um die kleinen gelbgrünen Blüten zu bestäuben braucht es zwei verschiedene Typen von Bäumen. Die Früchte haben meistens die Form einer Birne. Manche Sorten sind rund, manche oval. Es gibt Riesen-Avocados, die über ein Kilo schwer werden. Bei uns sind eher 100 bis 400 Gramm schwere Exemplare üblich. Je nach Sorte hat die Avocado eine dünne, dicke, glatte oder raue Schale.

Ihr Farbspektrum reicht von hellgrün über braunrot bis schwarz. Ihr Fruchtfleisch ist in reifem Zustand gelb bis grün, schmeckt nussig und hat eine weiche, cremige, butterähnliche Konsistenz. In der Mitte der Frucht befindet sich der etwa tischtennisballgroße Samenkern.

Avocados sind das ganze Jahr über verfügbar. Zu empfehlen sind die schmackhaften Herbstfrüchte. Die nachreifende Frucht ist verzehrfertig wenn man die Schale mit dem Finger leicht eindrücken kann. Da die Früchte unreif geerntet werden, finden sich in den Supermarktregalen überwiegend harte Avocados. In Zeitungspapier eingewickelt und bei Zimmertemperatur reifen die Früchte in einigen Tagen nach. Tipp: Legen Sie einen Apfel neben die Avocado. Das Gas Ethylen sorgt dann für schnellere Reife.

Schneiden Sie die Frucht der Länge nach durch, trennen Sie die beiden Hälften vorsichtig voneinander und entfernen Sie den Kern. Sie können das Fruchtfleisch entweder mit einem Löffel entnehmen oder die Avocado schälen. Bei reifen Früchten löst sich die Schale ganz leicht. Sofern Sie die Frucht nicht gleich weiter verarbeiten, schützen ein paar Tropfen Zitronensaft vor brauner Verfärbung. Möchten Sie nur eine halbe Avocado verwenden, sollten Sie die andere Hälfte mit Kern aufbewahren. Der Kern sorgt dann dafür, dass sie länger frisch bleibt.

Am besten schmeckt die frische Frucht mit Olivenöl, Zitronensaft, Salz und Pfeffer. In Salaten zu Garnelen, Lachs oder als Brotaufstrich ist sie beliebt, auch als Smoothie oder Shake. Avocados sind Hauptbestandteil der mexikanischen Guacomole-Dips. Sie werden auch für Sushi verwendet.

Kaum eine Frucht liefert so viele wichtige Nährstoffe wie die Avocado. Sie ist nicht nur eine besonders gute Quelle für gesunde ungesättigte Fettsäuren, sondern auch für eine Menge Vitamine und Mineralstoffe, wie B-Vitamine, Vitamin K, Kalium, Kupfer, Vitamin E und Vitamin C.

# 3   Die Banane

Die *Banane* (*banan*, arab. Finger) kommt aus Südostasien. Erste Aufzeichnungen stammen aus Indien und sind rund 2600 Jahre alt. Bereits Alexander der Große soll die Frucht auf seinen Feldzügen gegessen haben. Mit arabischen Händlern gelangte die Banane nach Afrika.

Im 15. Jahrhundert brachten portugiesische Seefahrer die Frucht auf die Kanaren, rund hundert Jahre später gelangte sie mit den Spaniern nach Mittel- und Südamerika. Erst im 19. Jahrhundert wurden Bananen nach Europa importiert, weil es vorher keine Möglichkeit gab, die schnell reifende Frucht lange Strecken zu transportieren.

Botanisch zählt die Banane zu den Beeren. Sie wächst an Stauden. Die Bananenpflanze besitzt einen sogenannten Scheinstamm, denn ihr Stamm besteht aus steifen, in sich verschlungenen Blättern. Die Tropenpflanze trägt nur einmal Früchte, dann stirbt sie. Vorher hat sie am Boden Schösslinge ausgebildet, aus denen neue Stauden entstehen.

Bis sich die Blüte der Bananenpflanze zur erntereifen Frucht entwickelt vergehen etwa drei Monate. Die Blüten befinden sich am Büschel der Bananenpflanze. Büschel nennt man den aus der Mitte der Staude wachsenden Fruchtstand. Aus jeder Blüte entsteht eine Bananenfrucht: die Finger.

Zehn bis zwanzig Finger stehen in Händen am Büschel zusammen. Ein Büschel besteht aus zehn bis zwölf Händen und wiegt 35 bis 50 Kilogramm. Weil sich der Büschel unter seinem schweren Gewicht Richtung Boden neigt, die Frucht aber zur Sonne wächst, ist die Banane krumm.

Die Pflanze kann bis zu neun Meter hoch wachsen. Ihre Frucht, die Banane, ist sechs bis 30 Zentimeter lang und zwei bis fünf Zentimeter dick.

Die Früchte werden vorwiegend rund um den Äquator – im Bananengürtel – angebaut. In Europa ist vor allem die Obstbanane gängig. Im asiatischen und mittelamerikanischen Raum verwendet man hauptsächlich die Kochbanane.

Bananen passen gut in Obstsalate, sind aber auch beliebt in Shakes, Joghurt-, Quark- oder Sahnespeisen. Getrocknete Bananen-Chips punkten durch ihr besonders intensives Aroma. Als Nachspeise schmecken Bananen in Butter und Honig herausgebacken. Pikant verleiht die Banane Currys eine aromatische

Note. Bei Smoothies, Fruchtsäften und Cocktails sorgt die Tropenfrucht für eine sämige Konsistenz.

Seit der Mitte des 20. Jahrhunderts gehören Bananen in Deutschland zu den wirtschaftlich bedeutenden Obstsorten. Nach Äpfeln sind sie das zweit beliebteste Obst der Deutschen.

Bananen sind immer erhältlich. Die Früchte in unseren Obstregalen kommen vorwiegend aus Kolumbien, Ecuador, Costa Rica und Panama. Sie werden zeitlich versetzt angebaut und geerntet, so dass sie immer in gleichbleibend guter Qualität zur Verfügung stehen.

Bananen sollten bei Zimmertemperatur gelagert werden. Reife Früchte erkennt man an den kleinen dunklen Punkten auf der gelben Schale. Im Kühlschrank verfärbt sich die Banane braun. Grüne Bananen reifen bei Zimmertemperatur nach.

100 Gramm Bananen enthalten: Energie: 95 kcal, 403 kJ
Nährstoffe: Protein 1.1 g, Fett 0.3 g, Kohlenhydrate 21 g, Nahrungsfasern 2 g.
Mineralstoffe: Natrium 1 mg, Kalium 385 mg, Calcium 8 mg, Phosphor 22 mg, Magnesium 30 mg.
Vitamine: $B_1$ 0.04 mg, $B_2$ 0.07 mg, $B_6$ 0.47 mg, C 12 mg, E 0.29 mg.

# 4 Die Birne

Die Birne (*Pyrus communis*) zählt zu den Kernobstgewächsen aus der Familie der Rosengewächse.

Birnen kannte man schon im Altertum, allerdings in Form der Holzbirne. Die Römer und Griechen kannten und schätzten die süße Frucht und verarbeiteten sie zum Beispiel häufig in Nachspeisen.

Diese Urbirne war vor allem in Mittel- und Südeuropa verbreitet, aber auch in Kleinasien. Jede der etwa 2500 Birnensorten, die es heute gibt – von *Abate Fetel* über die *Gute Luise* bis hin zur *Williams Christ* –, ist allerdings wesentlich jünger.

Die meisten Sorten gedeihen an sommergrünen Laubbäumen mit elliptischen Blättern, einige jedoch auch an Sträuchern, die auch mit Dornen besetzt sein können. Der Birnbaum kann je nach Sorte zwischen drei und 20 Meter hoch werden. Sein Holz ist wertvoll: Es ist sehr dicht und fein und changiert von silbergrau bis zum kräftigen Rotton nach der Holzbehandlung. Je nach Sorte blühen Birnbäume von April bis Mai, viele Sorten erreichen die Pflückreife im September und Oktober.

Birnen kann man das ganze Jahr kaufen. Während der Hauptsaison in Deutschland kommen die süßen Früchte meistens aus Italien, während der anderen Jahreszeiten stammen sie oft aus Übersee. Viele Birnen werden noch hart geerntet, reifen also nicht am Baum selbst. Erst in speziellen Lagern erreichen sie ihren typischen Geschmack.

Obwohl Birnen robust wirken, können sie nicht sehr lange gelagert werden: Im verzehrreifen Zustand halten sie bei Zimmertemperatur nur wenige Tage. Besser eignet sich ein trockenes Fach im Kühlschrank. Aber Vorsicht: Birnen sind sehr druckempfindlich. Das Einmachen ist daher eine gute Möglichkeit die Früchte länger zu genießen. Wer eine harte unreife Birne kauft, sollte sie neben Bananen aufbewahren: Sie verströmen das Pflanzenhormon Ethylen, das anderes Obst reifen lässt. Ist eine Birne überreif wird sie von innen her braun.

Birnen sind reich an *Vitamin A*, den *Vitaminen $B_1$, $B_2$* und *Vitamin C*, das für den Aufbau von Bindegewebe und bei der Eisenaufnahme eine wichtige Rolle spielt. Daneben enthalten Birnen *Niacin* und *Folsäure*. Dazu kommen die Mineralstoffe Kalium, Phosphor, Calcium und Eisen.

Birnen sind viel süßer als Äpfel, denn sie enthalten deutlich weniger Säure und etwas mehr Fruchtzucker. Aufgrund des hohen Fruchtzuckergehalts, und weil sie auch den Zuckeralkohol *Sorbitol* beinhalten, können sie bei einigen Menschen Durchfall und Blähungen verursachen.

Im 18. und 19. Jahrhundert züchtete man in Frankreich und Belgien neue Sorten, die länger zu lagern waren. Oft wurden Wildbirnen ein Opfer der Fäulnis. Heutige Birnen sind widerstandfähiger. Am beliebtesten ist in Deutschland die Sorte *Abate Fetel*, deren Fleisch gelblich-weiß ist und saftig und süß schmeckt.

In der Kalorienzahl kann man Äpfel und Birnen vergleichen: Birnen haben etwa 55 Kilokalorien pro 100 Gramm und liegen damit in etwa mit dem Lieblingsobst der Deutschen gleich auf.

Genau wie Äpfel sollte man Birnen nur gründlich unter fließendem Wasser reinigen – schälen muss man sie nicht. Viele Vitamine sitzen direkt unter der Schale und würden also verloren gehen.

Die Früchte sind vielseitig einsetzbar: Ob roh, als Kompott, Marmelade, versteckt im Schokoladenpudding oder eingemacht zu Waffeln – immer schmecken sie fein. Sie sind eine schmackhafte Ergänzung zu Obst- oder Käseschmandkuchen.

Getrocknete Birnenstückchen passen auch gut in ein Frühstücksmüsli. Auch in Salaten entfalten Birnen ihre cremige Süße: So passen sie hervorragend zu Feldsalat mit Walnüssen, Speck und Gorgonzola. Kleine Kochbirnen sind zum Beispiel fester Bestandteil norddeutscher Gerichte. *Birnen, Bohnen und Speck* und würzigere Sorten verfeinern, mit Nelken gespickt, Gerichte mit Rotwein.

Birnen werden von säureempfindlichen Personen gut vertragen. Die Birne ist ein guter Ballaststoff-Lieferant. Sie enthält Vitamin A, Vitamine der B-Gruppe, Folsäure und Vitamin C sowie die Mineralstoffe Kalium, Calcium und Magnesium.

# 5 Die Erdbeere

Da *Erdbeeren* kaum Kalorien haben, sind sie eine sommerliche Köstlichkeit, die Sie unbeschwert genießen dürfen.

In der sensiblen roten Frucht stecken viele gesunde Inhaltsstoffe. Erdbeeren schmecken frisch am besten. Rasch aber verlieren sie ihr Aroma und verderben.

Erdbeeren sollte man nicht unter fließendem Wasserstrahl säubern, sondern in stehendem Wasser. Stiel und Kelchblätter erst nach dem Waschen entfernen.

Am besten schmecken Erdbeeren frisch – entweder pur oder mit etwas Schlagsahne oder Eis. Auch in Salaten, getrocknet im Müsli oder als Kuchenbelag sind sie beliebt. Erdbeerkonfitüre ist ein Klassiker.

Übrigens: Die Farbe der Frucht gibt keine Auskunft über ihr Aroma! Tiefrote Erdbeeren sind nicht immer süßer, hellere Früchte enthalten nicht automatisch mehr Fruchtsäure.

Die aromatischen Früchte sind mit etwa 32 Kilokalorien pro hundert Gramm gut für die schlanke Linie. Hervorzuheben ist ihr hoher Gehalt an Ballaststoffen (Pektinen und Zellulose), welche die Verdauung fördern.

Erdbeeren sind auch reich an Vitaminen. Vor allem ihr Vitamin C-Gehalt ist enorm: Er liegt höher als bei Zitronen und Orangen.

Eine 200 Gramm-Schale deckt den Tagesbedarf eines Erwachsenen.

Auch findet sich in Erdbeeren viel Folsäure, die für Schwangere wichtig ist. Mit ihrem Anteil an Calcium, Kalium, Eisen, Zink und Kupfer bieten Erdbeeren viele Mineralstoffe.

Darüber hinaus enthalten die Früchte Polyphenole. Diese sekundären Pflanzenstoffe sollen helfen, Krebs und Herz-Kreislauf-Erkrankungen vorzubeugen.

Bereits in der Steinzeit verzehrten unsere Vorfahren die kleinfruchtige Variante der uns heute bekannten großfruchtigen Gartenerdbeere. Auch die Römer schätzten Erdbeeren, wie Quellen von Ovid, Plinius und Vergil bezeugen. Im 14. und 15. Jahrhundert wurde die kleinfruchtige Gartenerdbeere in Frankreich und England angebaut. Die großfruchtige Erdbeere gelangte im 17. Jahrhundert aus Kanada nach Europa. Kurz darauf kamen Früchte aus Südamerika.

Ende des 17. Jahrhunderts entstand in Holland aus einer zufälligen Kreuzung der beiden zuvor aus Übersee eingeführten Sorten unsere heutige Erdbeere, die sogenannte Ananas-Erdbeere. Ihren Namen verdankt sie ihrer Form und ihrem ausgeprägten Aroma. Zu jener Zeit gelangten Erdbeeren auch nach Deutschland, erstmals an den Hof Georgs II. nach Hannover. Richtig in Mode kamen sie Mitte des 18. Jahrhunderts, Hauptanbaugebiet war damals Baden-Baden. Heute stammen Erdbeeren vor allem aus Niedersachsen, Baden-Württemberg, Nordrheinwestfalen und Bayern.

Botanisch gesehen sind Erdbeeren keine Beeren, sondern Scheinfrüchte oder Sammelnussfrüchte mehrjährig blühender Stauden. Die eigentlichen Früchte der Erdbeere sind die kleinen gelben Körner auf der Oberfläche von *Fragaria*. Sie werden *Nüsschen* genannt. Die zu der Familie der Rosengewächse gehörenden Früchte wachsen rosettenförmig auf sandigem Boden und mögen gemäßigtes Klima. Was wir als Fruchtfleisch essen ist eigentlich die fleischig verdickte Blütenachse, auf der die Nüsschen aufsitzen. Es handelt sich um das weiße Mark der Blütenachse, das in reifem Zustand die rote Farbe annimmt.

Es gibt unzählige Erdbeersorten, die sich hinsichtlich Form, Geschmack, Farbe, Festigkeit des Fruchtfleisches, Reifezeit und Inhaltsstoffen unterscheiden. Im Vergleich zu anderen Obstsorten spielen die verschiedenen Sorten für den Verbraucher aber keine große Rolle und sind oft nicht gekennzeichnet.

Von Mai bis Juli gibt es deutsche Erdbeeren. Sie schmecken meist am besten, weil sie frisch gepflückt keine langen Transportwege zurücklegen müssen. Oft sind sie auch weniger schadstoffbelastet. Von Februar bis Mai sind Früchte aus Spanien und Italien erhältlich. Um die Weihnachtszeit kann man Erdbeeren aus Marokko und Ägypten kaufen. Es lohnt sich aber auf die heimische Saison im Frühsommer zu warten.

Erdbeeren sind äußerst empfindlich. Bereits ein paar Stunden nach der Ernte beginnen sie, ihr Aroma zu verlieren. Deshalb sollte man sie möglichst sofort verzehren. Ungewaschen und abgedeckt kann man die sensiblen Früchte bis zu zwei Tage im Kühlschrank lagern. Ein flacher Behälter verhindert Druckstellen. Beschädigte Früchte sollt man entfernen. Sie schimmeln schnell.

Die großen Mengen an Folsäure in den Früchten sind gut für die Blutbildung, Mangan für den Stoffwechsel, die Nerven und das Gehirn.

Bioaktive Substanzen (zum Beispiel Ballaststoffe, sekundäre Pflanzenstoffe): Die enthaltenen Stoffe bilden einen Schutzfilm auf der Darmschleimhaut und fördern so die Verdauung und die Darmreinigung.

Krebshemmende sekundäre Pflanzenstoffe: Ferulasäure und Ellagsäure werden krebshemmende Eigenschaften nachgesagt.

Phenolsäuren beugen Thrombosen, Infarkten, Infektionen und Arteriosklerose vor. Vorsicht: Diese gesunden Stoffe gehen schnell verloren und kommen nur in wirklich frischen Früchten vor.

Natürliches Kopfschmerzmittel: Besonders gut eignen sich hier Walderdbeeren. Die Erdbeere enthält Menthylsalicylsäure, die mit Acetylsalicylsäure, dem Inhaltsstoff vieler Schmerzmittel, verwandt ist. Etwa zehn frische saftige Beeren können manchen Kopfschmerz vertreiben.

Erdbeertee lindert diverse Beschwerden: Einen Teelöffel getrocknete Erdbeerblätter pro Tasse mit Wasser aufkochen. Am besten schmeckt der Tee aus jungen Blättern. Wegen des hohen Gerbstoffgehalts der Blätter hilft er gegen Durchfall. Aber auch bei Leber- und Gallenleiden, Nervosität, Blutarmut, Hämorrhoiden, Menstruationsbeschwerden soll er Linderung verschaffen.

Erdbeeren schwemmen Wasseransammlungen aus, reinigen die Lymphe, wirken entkrampfend, entgiftend, sie kühlen und erfrischen, leiten aus. Zu empfehlen etwa bei Gicht, Arthritis.

100 Gramm enthalten 32 Kalorien, 90 Gramm Wasser, 0,4 Gramm Fett, 147 Milligramm Kalium, 26 Milligramm Calcium, 15 Milligramm Magnesium, 64 Milligramm Vitamin C. Mit rund 150 Gramm Erdbeeren ist der Vitamin-C-Bedarf eines Tages gedeckt.

# 6  Die Feige

Der *Feigenbaum* gehört zur Familie der Maulbeergewächse. Der Baum oder Strauch wird bis zu zehn Meter hoch und wirft im Winter seine langen steifen Blätter ab. Der Stamm ist oft knorrig und verdreht, die Krone ausladend. Der Feigenbaum bevorzugt milde Winter, ist aber ansonsten recht anspruchslos. Er gedeiht auch in trockeneren Regionen.

Die Feige blüht drei Mal im Jahr. Nach einem komplizierten Bestäubungsvorgang entwickeln sich aus den Blüten Scheinfrüchte, auch *Steinfruchtverband* genannt. Die weiblichen Blüten werden zu den kleinen Kernen im Inneren. Die Früchte sind bis zu zehn Zentimeter groß, meist birnenförmig und grün, gelblich, rotbraun oder dunkelviolett. Das Fruchtfleisch ist je nach Sorte rosa oder rot. Die Gattung Feige umfasst tausend Arten. Dazu gehören auch der *Ficus benjamina* oder die Würgefeige, die aber keine Früchte tragen.

Von September bis November findet im Mittelmeerraum die Haupternte der Feigen statt. Getrocknete Feigen sind das ganze Jahr über erhältlich.

Frische Feigen bestehen zu einem Großteil aus Wasser und sind deshalb äußerst druckempfindlich. Ob die Früchte schon reif sind, erkennt man daran, dass sie weich, aber nicht matschig sind. Schimmelt die Feige, ist die Schale beschädigt, stellenweise dunkel oder gequetscht, sollten Sie sie nicht mehr verzehren. Gleiches gilt, wenn sie sauer schmeckt: dann hat die Gärung bereits eingesetzt.

Unreife Früchte sind nicht dunkelviolett und meist hart. Feigen sollten möglichst sofort verbraucht werden, da sie rasch an Aroma verlieren und nicht lange haltbar sind.

Frische Feigen sind aromatisch und süß: Sie schmecken pur auch im Salat sehr gut. Schale und Kerne kann man – nach dem Waschen unter fließendem Wasser – mitessen. Die Kombination frischer Feigen mit Ziegenkäse ist ein Klassiker. Alternativ kann auch eine fruchtige Feigen-Konfitüre zum Käse gereicht werden. Getrocknet finden sich Feigen oft im Müsli, im Früchtebrot oder in Trockenfruchtmischungen.

Die Feige enthält verdauungsfördernde Enzyme und bakterientötende Substanzen und ist reich an Ballaststoffen. Die Frucht hat gesunde, natürliche

Zuckeranteile wie Glukose und Fruktose, die an Mineralstoffe gebunden sind. Außerdem sind Feigen reich an Magnesium, wirken Stress abbauend und stärken Herz und Kreislauf.

In Feigen sind viele Vitamine und Mineralstoffe enthalten:
Vitamin A (Retinol) ist gut für die Haut und Schleimhäute sowie die Sehkraft unserer Augen. B-Vitamine regulieren den Stoffwechsel und sind wichtig für die Nerven.

# 7 Die Grapefruit

Die *Grapefruit* wurde Anfang des 18. Jahrhunderts auf der Insel Barbados entdeckt. Die Ursprünge ihrer wirtschaftlichen Nutzung liegen in Florida, wo erste Plantagen entstanden. Heute werden Grapefruits in fast allen subtropischen Ländern angebaut, in denen auch sonst Zitrusfrüchte kultiviert werden. Zu diesen zählen vor allem die USA (Florida, Texas, Arizona und Kalifornien), aber auch Südafrika, Mexiko, Syrien, die Türkei, Israel und Argentinien.

Die Früchte sind sehr hitzebeständig und wachsen in Wüsten wie in feuchten Tropen. Namensgeber ist das englische Wort *grape*, zu Deutsch *Traube*: Denn die Früchte einiger Sorten hängen ähnlich wie Trauben eng zusammen am Baum.

Gerne zum Frühstück presst man den Saft der Grapefruit mit einer Saftpresse oder halbiert die Frucht und löffelt das Fruchtfleisch aus den einzelnen Segmenten. Vorher empfiehlt es sich die Fruchtsegmente mit dem Messer zu trennen.

Filetierte Stücke schmecken gut in Obstsalaten oder zu herzhaften Salaten mit Geflügel, Fisch oder Krabben.

Tipp: Gegrillte Grapefruits sind ein wahres Geschmackserlebnis.

Grapefruits sind größer als Orangen und kleiner als Pampelmusen. Man vermutet, dass sie als natürliche Kreuzung aus diesen beiden Zitrusfrüchten hervorgegangen sind. Ihre Schale ist glatt, hellgelb bis rötlichgelb. Die Schale haftet fest am Fruchtfleisch, das je nach Sorte hellgelb, rosa oder pink ist. Die Grapefruit schmeckt süßsäuerlich und frisch herb. Manche Früchte haben Kerne, manche nicht.

*Citrus paradisi* gehören zu der Familie der Rautengewächse. Die fünf bis sechs Meter hohen Bäume haben breite Kronen und tragen wohlriechende Blüten. Sie stehen einzeln oder zusammen in spärlichen Blütenständen. Aus den Blüten entstehen die runden Früchte mit einem Durchmesser von zehn bis 15 Zentimetern. Ihr Fruchtfleisch ist in Segmente unterteilt, die miteinander verwachsen sind und sich nur schwer voneinander lösen lassen.

Das Klima beeinflusst Aroma und Aussehen der Grapefruit: In semitropischen Gebieten ist das Fruchtfleisch saftiger, süßer und aromatischer und die Schale der Frucht dünner und glatter. Grapefruits aus dem Mittelmeerraum erkennt man an einer grobporigeren, dickeren Schale. Ihr Aroma ist herber und mit einer stärkeren Bitternote versehen und ihr Fruchtfleisch ist weniger saftig.

Grapefruit-Hauptsaison ist von Oktober bis Mai, auch wenn man die Früchte das ganze Jahr über in den Obstregalen findet. Grapefruits, die in Deutschland angeboten werden, kommen vor allem aus den USA und der Türkei. Einige Früchte stammen auch aus Spanien, Israel, Südafrika, Honduras und Argentinien.

Als Zitrusfrüchte sind Grapefruits kälteempfindlich. Im Kühlschrank bewahrt man sie daher im Obstfach auf. Sie können aber auch bei mäßiger Raumtemperatur gelagert werden. Derart bleiben sie länger haltbar.

Die Grapefruit enthält vor allem Vitamin C. 100 Gramm decken den Tagesbedarf zu ca. 60 Prozent.

Sie enthält auch Vitamin A, $B_1$, $B_2$ und $B_6$ sowie die Mineralstoffe Kalium, Calcium und Magnesium.

# 8 Die Heidelbeere

*Vaccinium myrtillus,* die Echte Heidelbeere, stammt aus der Familie der Heidekrautgewächse. Andere Bezeichnungen sind Blaubeere, Mollbeere, Wildbeere, Waldbeere, Bickbeere und Moosbeere.

*Heidelbeeren,* auch Blaubeeren genannt, können die Zähne vorübergehend blau färben. Sie sind sehr aromatisch und schmecken pur, und eignen sich auch zum Kochen und Backen.

Die Früchte wachsen an buschigen Gehölzen, die etwa 50 Zentimeter hoch werden. Die Zwergsträucher gedeihen im Halbschatten auf nährstoffarmem Boden am besten.

Bevorzugte Standorte sind Laub- und Nadelwälder sowie Heiden. Die grünen Zweige sind kantig und unbehaart. Sie tragen zwei bis drei Zentimeter lange Blätter.

Im Herbst färbt sich das Laub rötlich und fällt ab. In den Blattachseln entwickeln sich im April und Mai die grünlich bis blassrosa gefärbten Blüten. Aus ihnen entstehen im Spätsommer die Heidelbeeren. Sie haben die Form einer abgeplatteten Kugel. Typisch ist die graue Bereifung. Die Früchte der wildwachsenden Echten Heidelbeere schmecken sehr aromatisch. Wegen ihres hohen Gehalts an Farbstoffen färben sie beim Essen die Zähne blau.

Im Garten findet sich zumeist die Kulturheidelbeere *Vaccinium corymbosum.* Ihre Früchte haben zwar die charakteristische blaue Schale, aber ein helles Fruchtfleisch. Sie können die Größe von Kirschen erreichen und werden damit größer als die Früchte der Echten Heidelbeere. Ihr Aroma ist allerdings weniger intensiv. Die kultivierten Sträucher können bis zu zwei Meter hoch werden.

Heidelbeeren reifen in Mitteleuropa im Sommer. Heimische Ware ist dann in den Supermärkten und auf Wochenmärkten erhältlich. Bereits im April gibt es Heidelbeeren aus Südeuropa zu kaufen. Aus Ländern der Südhalbkugel kommen Importe im Winter zu uns.

Frische Heidelbeeren müssen rasch verbraucht werden. Früchte der *Kulturheidelbeere* sind in der Regel länger haltbar als die der *Echten Heidelbeere.* Sie können im Kühlschrank bis zu einer Woche aufbewahrt werden.

Vor dem Verzehr sollte man die Beeren mit Wasser gründlich reinigen. Danach auf einem Küchentuch trocknen lassen.

Außer zum Rohverzehr eignet sich das Obst gut zum Einkochen und Backen. Ob als Kompott, Gelee oder Konfitüre, Blaubeeren sind ein besonderer Genuss. Empfehlenswert sind sie auch als Zugabe zu Joghurt oder Quarkspeisen. Die Beeren sind eine farblich ansprechende Ergänzung für Obstsalate und Obstkuchen. Pfannkuchen und Muffins geben sie eine fruchtige Note.

Eine Spezialität ist die "Schwedische Blaubeersuppe". Dazu die Beeren mit Wasser wenige Minuten kochen und Zucker hinzugeben. Mit Zimt abschmecken. Je nach Geschmack können noch Zitronensaft und für die Konsistenz Speisestärke zugegeben werden. Die Suppe schmeckt kalt und warm.


Heidelbeeren sind kleine Vitaminbomben. Die Vitamine C und E machen die blauen Früchte zu einem echten Beauty-Food. Beide Vitamine zählen zu den Antioxidantien, sie helfen freie Radikale abzufangen und stärken das Immunsystem.

# 9  Die Kirsche

Die *Wildkirsche* existierte bereits in der Jungsteinzeit in Asien und den gemäßigten Klimazonen Europas. Die uns heute bekannte Form der kultivierten Kirsche war ursprünglich in den Gegend rund um das Schwarze Meer angesiedelt. Der römische Feldherr Lukullus nahm 74 v. Chr. einige Pflanzen aus der Hafenstadt Kerasos (heute Giresun, Türkei) nach Italien mit. Von dort aus verbreitete sich die Kirsche bis nach Nordeuropa.

Auf *Kerasos* geht auch das Wort *Kirsche* zurück. In vielen europäischen Sprachen findet sich ein Bezug. Heute wird die Kirsche in allen gemäßigten Klimazonen der Welt angebaut.

Die Kirsche ist ein Laubbaum, der bis zu 20 Meter hoch wächst. Ihr Stamm ist dick, ihre Krone breit und gewölbt. Die Äste stehen weit auseinander. Ihre 15 Zentimeter langen Blätter sind oval und am Rand gesägt. An den Blattstielen sitzen zwei bis drei Nektardrüsen. Sie sondern süßlichen Saft ab, der den Baum vor Blattfraß schützt. Die Kirsche blüht von April bis Mai, die Blütezeit beträgt maximal eine Woche. Das Farbspektrum der Blüten reicht von weiß über gelblich bis dunkel purpurrot.

Die Kirsche ist eine Sommerfrucht. Kirschen sind von Mitte Mai bis Oktober erhältlich. Deutsche Kirschen gibt es vor allem im Juni und Juli. Sie stammen vorwiegend aus den Anbaugebieten in Baden-Württemberg, Rheinland-Pfalz, Niedersachen, Bayern, Brandenburg und Sachen-Anhalt. Kleine Mengen kommen von Mitte November bis Februar aus Chile, Argentinien und Südafrika.

Wie der Apfel gehört die *Kirsche* zur Familie der Rosengewächse und zählt zum Steinobst. Erst seit Ende des 18. Jahrhunderts unterscheidet man zwischen Süß- und Sauerkirschen.

Süßkirschen werden in Herz- und Knorpelkirschen unterschieden. Im Supermarkt kaufen wir die Knorpelkirsche. Sie ist besonders knackig und hat festes Fruchtfleisch, weshalb sie sich gut transportieren lässt.

Das Fruchtfleisch der Herzkirsche hingegen ist weicher.

Bei *Sauerkirschen* unterscheidet man *Weichseln* und *Amarellen*. Weichseln sind dunkel, haben weiches Fleisch und ihr Saft färbt ab. Amarellen hingegen sind gelb oder bunt. Süßkirschen sind dunkelrot bis schwarz, die prallen runden Früchte hängen an langen dünnen Stielen.

Kirschen reifen nicht nach. Sie halten sich ein bis zwei Tage im Kühlschrank, am besten in einem Plastikbeutel verpackt. Erst kurz vor Verzehr waschen, da sie sonst schnell faulen.

Süßkirschen werden vorwiegend frisch verzehrt. Tipp: Um die Früchte zu entsteinen, Kirschen einige Minuten ins Gefrierfach geben. Aus dem fest gewordenen Fruchtfleisch lässt sich der Stein leichter lösen.

Sauerkirschen schmecken gut als Marmelade, eignen sich zum Einkochen und sind als Konserve oder zu Saft verarbeitet erhältlich. Sie werden auch in Süßspeisen, in Joghurts, als Belag für Torten und als Kuchenzutat verwendet. In Mehlspeisen und süßen Aufläufen sind Sauerkirschen ebenso beliebt.

Süßkirschen haben mehr heilwirksame Inhaltsstoffe als Sauerkirschen.

Die Süßkirsche enthält entzündungshemmende Stoffe, welche *Gichtanfälle* lindern können. Ein alt bewährtes Hausmittel gegen Gelenkschmerzen ist Kirschsaft zusammen mit etwas gehacktem Knoblauch.

Der Aufbau von Knochen und Zähnen kann von den enthaltenen Mineralien gefördert werden.

Die Pflanzenstoffe der Kirsche haben eine blutzuckerregulierende Wirkung.

Wissenschaftler entdeckten in Laborversuchen, dass sie die Insulinproduktion der Bauchspeicheldrüse anregen können.

Durch den hohen Wasser- und Kaliumgehalt wird zudem die Entwässerung des Körpers gefördert.

Kirschen werden am besten roh gegessen, denn durch die Hitze bei der Verarbeitung gehen wichtige Inhaltsstoffe verloren.

# 10 Die Pflaume

Das Wort *Pflaume* ist ein Sammelbegriff für verschiedene Sorten des Steinobstes, die sich in bezug auf Größe, Form, Farbe, Geschmack, Lösbarkeit des Fruchtfleisches vom Kern und Saftgehalt unterscheiden.

Botanisch gesehen handelt es sich um Unterarten der Pflaume *(Prunus domestica)*: Echte Pflaumen, Zwetschken, Renekloden, Mirabellen, Japanische Pflaumen und Kirschpflaumen.

Die bei uns gängigen Sorten sind *Echte Pflaumen* und *Zwetschken*. Manchmal ist es schwierig, die Früchte der einen oder anderen Art zuzuordnen, da die Übergänge fließend sind.

Echte Pflaumen sind rundlich bis oval mit einer deutlichen Naht vom Blütenende bis zum Stiel und rundlichem Stein. Ihr grünliches bis goldgelbes saftig aromatisches Fruchtfleisch ist nicht immer leicht vom Stein lösbar.

Die blauvioletten Zwetschken sind elliptischer und platter als Pflaumen, ihre Naht ist weniger deutlich, ihr länglicher Stein löst sich gut vom grüngelben und festen Fruchtfleisch, das süß und saftig schmeckt.

Von Juli bis Oktober gibt es heimische Pflaumen aus Baden-Württemberg, Rheinland-Pfalz und Bayern. In den Wintermonaten erhält man Pflaumen aus Südamerika und Südafrika.

Kaufen Sie nur frische feste Früchte. Am besten kühl und dunkel aufbewahren, dann halten sich Pflaumen drei bis vier Tage.

Frische Früchte erkennt man an ihrem weißlichen Duftfilm, der sie vor dem Austrocknen schützt. Deshalb sollte man Pflaumen erst kurz vor Verzehr waschen, um diese Schutzschicht nicht zu zerstören. Bei Zimmertemperatur auf der Fensterbank reifen grüne Pflaumen in zwei bis drei Tagen nach.

In einem feuchten Küchentuch eingeschlagen bewahren sie ihre Feuchtigkeit.

Weiche überreife Pflaumen sind oft von Würmern befallen.

Pflaumen eignen sich gut für Gebäck. Der Klassiker ist *Pflaumenkuchen* oder Zwetschkendatschi, wie das Gebäck in Bayern, Baden-Württemberg und Österreich genannt wird.

Am besten gelingt der Blechkuchen mit Zwetschken, weil sie nicht so schnell verkochen wie Pflaumen. Auch zu Kompott oder Pflaumenkonfitüre verarbeitet schmecken Pflaumen gut.

Wer Geflügelgerichten eine besondere Note verleihen will, erreicht das mit pikant zubereiteten Pflaumen als Füllung oder Sauce.

Pflaumen bestehen wie viele andere Früchte hauptsächlich aus Wasser.

Darüber hinaus sind sie reich an Mineralstoffen und Spurenelementen wie Kalium, Calcium, Eisen, Magnesium und Zink. Auch enthalten Pflaumen Provitamin A, Vitamin C, E und Vitamine aus dem B-Komplex.

# 11  Der Brokkoli

Der aus Kleinasien stammende Brokkoli war in Europa zunächst nur in Italien bekannt. Durch Caterina de' Medici gelangte er im 16. Jahrhundert nach Frankreich und als "italienischer Spargel" nach England, um schließlich vom US-amerikanischen Präsidenten Thomas Jefferson im 18. Jahrhundert, zunächst als Versuchspflanze, in die Vereinigten Staaten eingeführt zu werden.

Hauptanbaugebiete in Europa sind die westlichen Mittelmeerländer, vor allem die Gegend um Verona in Italien.

Brokkoli oder Broccoli (Brassica oleracea, italienisch il broccolo, "Kohlsprosse"), auch Bröckel-, Spargel-, Winterblumen- oder Sprossenkohl genannt, ist eine mit dem Blumenkohl eng verwandte Gemüsepflanze aus der Familie der Kreuzblütengewächse (*Brassicaceae*).

Er wächst ähnlich wie Blumenkohl, und wie bei diesem bestehen die "Röschen" des Kopfes aus den noch nicht voll entwickelten Blütenständen, die Knospen sind allerdings schon deutlich zu erkennen. Der Kopf ist meist von tiefgrüner bis blaugrüner Farbe.

Seltener sind violette, gelbe und weiße Sorten. Brokkoli hat eine Vegetationsperiode von 14 bis 15 Wochen.

Geerntet wird Brokkoli, sobald die mittlere Blume gut ausgebildet und noch geschlossen ist.

Die noch geschlossenen Blütenstände werden mit 10 bis 15 Zentimeter langem Stiel und Blättern abgeschnitten. Aus den Seitenknospen entwickeln sich weitere kleine Blütenköpfe, die zu einem späteren Zeitpunkt geschnitten werden können. Geerntet und verwertet werden kann die Blume alleine als Blütengemüse oder komplett mit den kräftigen Stielen.

Brokkoli ist besonders reich an Mineralstoffen wie Kalium, Calcium, Phosphor, Eisen, Zink und Natrium. Auch an Vitaminen wie $B_1$, $B_2$, $B_6$, E und besonders Ascorbinsäure (Vitamin C) und Carotin (Provitamin A).

Weiter enthält er zahlreiche sekundäre Pflanzenstoffe (*Flavonoide, Glucosinolate* und andere). *Glucosinolate* speichern verschiedene *Indole* und viele *Isothiocyanate*. Indol ist ein aromatischer Heterocyclus und kommt als Strukturfragment in vielen Naturstoffen vor.

*Isothiocyanate* gelten als charakteristische Geruchs- und Geschmacksstoffe vieler Cruciferen-Gemüse wie z. B. Kohlarten, Kohlrabi, Radieschen, Rettich, Meerrettich und Kresse.

Brokkoli kann man sowohl roh als auch gegart genießen. Als Garverfahren sind Kochen, Dünsten, Dampfgaren und Garen in der Mikrowelle möglich.

Wissenschaftliche Studien haben ergeben, dass die wasserlöslichen Nährstoffe wie z. B. Vitamin C und Mineralstoffe beim Dampfgaren weitgehend erhalten bleiben, während sie beim Kochen in siedendem Wasser im Kochwasser gelöst werden. Die Garzeit liegt zwischen 6 und 10 Minuten, abhängig vom individuell gewünschten sensorischen Ergebnis: Längere Garzeit führt zu weicherem Produkt.

Nicht nur die Röschen, sondern auch die zarten Blätter und die Stängel, die sich wie Spargel anrichten lassen, sind essbar.

Als Gewürz passen zu Brokkoli neben Salz auch frisch geriebene Muskatnuss, Knoblauch und geröstete Pinienkerne oder Mandelblätter.

Auch werden aus den Samen Sprossen gezüchtet, diese können roh in Salaten gegessen werden oder finden sich als Dekoration auf Speisen wieder.

# 12 Die Gurke

Die Gurke (*Cucumis sativus*, Kukumer, Gartengurke) ist eine Art aus der Familie der Kürbisgewächse. Sie gehört zu den wirtschaftlich wichtigen Gemüsearten. Man unterscheidet die Sortengruppen *Salatgurke* (Schlangengurke) bzw. die *Einlege- oder Gewürzgurke*.

Ihr Name stammt vom altpolnischen *ogurek*. Im Griechischen werden die Begriffe *grün, unreif, unzeitig* damit verbunden Im 16. Jahrhundert ist die Bezeichnung *Melone* geläufig. *Gurke* steht auch für *Kürbis*. Bei den Römern war sie weit verbreitet und beliebt, Plinius der Ältere nannte sie das Lieblingsgemüse von Kaiser Tiberius; die für ihn bestimmten Gurken sollen bei Schlechtwetter sogar hinter Glaswänden geschützt worden sein.

Der Verein zur Erhaltung der Nutzpflanzenvielfalt hat die Gurke zum Gemüse der Jahre 2019 und 2020 ernannt.

Die Gurke ist eine einjährige Pflanze, die niederliegend und kletternd wächst und dabei ein bis zu vier Meter lang werden kann. Manche Zuchtsorten wachsen gedrungen und kompakt. Die Pflanze ist borstig-steif behaart, die Blätter sind gestielt und ebenfalls rau behaart.

Die Blattspreite (flächiger Teil des Blattes oberhalb des Stiels) ist knapp 10 bis 20 Zentimeter lang und gleichmäßig breit, fünfeckig mit spitzen Enden, mit drei bis fünf Lappen leicht handförmig gelappt. Der Blattgrund ist herzförmig, der Blattrand fein gezähnt. In jeder Blattachsel entspringt eine unverzweigte Ranke.

Die vermutliche Wildform der Gurke ist in Indien beheimatet. Die Kulturformen werden heute weltweit angebaut und sind zum Teil auch verwildert. Die Gurke ist der Kälte-toleranteste kultivierte Vertreter der Kürbisgewächse. Sie kann daher auch in Nordeuropa angebaut werden.

Sie ist die am häufigsten in Gewächshäusern gezogene Art der Kürbisgewächse. Dort können drei bis fünf Ernten pro Jahr erzielt werden. *Gewächshausgurken* sind häufig besonders lang und schlank, haben einen verengten Hals, eine dünne Schale und fast keine Warzen oder Stacheln. Im nördlichen Europa, in Asien und im Mittleren Osten werden Salatgurken vorwiegend in Gewächshäusern mit Beleuchtung, Beschattung, Belüftung, Heizung und $CO_2$-Anreicherung gezogen.

Führende Länder sind die Niederlande, Großbritannien, China, Japan, Korea und der Mittlere Osten.

Im Handel mit Saatgut, Pflanzen und Früchten werden mehrere Gurkentypen unterschieden. Die *Salatgurke* ist der häufigste und gebräuchlichste Typ. Zylindrisch, leicht gekrümmt, glatt, stachellos verjüngt sie sich zu beiden Seiten. Handelsgewicht liegen zwischen 300 und 500 Gramm. Größere Sortierungen sind möglich aber nicht wirtschaftlich. Salatgurken der EU werden auf Gewichtsbereiche von 100 Gramm sortiert.

*Einlegegurken* erntet man im unreifen Zustand. Alle Früchte an der Pflanze werden bei der regelmäßigen Ernte im Rhythmus von 3 bis 7 Tagen geerntet und später maschinell nach Größe sortiert.

Die kleineren Sortierungen werden als *Cornichons* und *Gewürzgurken* in Gläsern konserviert.

Mittlere Sortierungen werden als Gurkentopf oder in Dosen vermarktet. Die größeren Sortierungen werden zu *Zungengurken, Gurken-Sticks, Gurkenhappen* oder *Schnitzelgurken* verarbeitet.

*Einlege-* und *Schälgurken* sind kleiner als die Salatgurken und kommen überwiegend aus dem Freilandanbau. Die *Schälgurke* wird mit ca. 30 cm bis 50 cm im reifen Zustand geerntet, Schale und Kernhaus werden entfernt, dann wird sie in kleine Würfel geschnitten und kommt als *Senfgurke* in den Handel.


Chinas Varietät *xishuangbannaensis* wird im Südwesten Chinas in Seehöhen von über 1000 m angebaut. Die Sprossen werden bis zu sieben Meter lang, die Früchte bis zu drei Kilogramm schwer. Die Rinde ist orange, hellgelb oder weiß und nicht mit Stacheln besetzt. Das Fruchtfleisch ist gelb, die Plazenta kann sich orange verfärben. Die Varietät *sikkimensis*, auch Sikkim-Gurke genannt, wird in den gebirgigen Regionen Nepals und Indiens angebaut.

Die Gurke ist nicht selten von verschiedenen physiologischen Erkrankungen, Mangelerscheinungen oder Schädlingen betroffen, wie sie für den Gemüsebau typisch sind. Dabei handelt es sich um das Abstoßen von Früchten durch physiologischen Stress, Nekrosen durch plötzlich einsetzende starke Sonneneinstrahlung, Vergilbungen und Welke infolge schnellen Wetterumschwungs.

Durch überzogene Reife und die Einwirkung von *Ethylen* als *Phytohormon* können die Früchte gelb und für den Verzehr unbrauchbar werden.

Relevant sind vor allem der Eisenmangel bei starkem Fruchtbehang und der Magnesium- und Manganmangel durch unausgeglichene Nährstoffgehalte im Boden oder in der Nährlösung. $CO_2$-Mangel kann im Winter bei der Kultivation in geschlossenen Treibhäusern bestehen, wenn die $CO_2$-Konzentration über längere Zeit hindurch unter 200 ppm (parts per million) liegt.

Unter den Schädlingen spielen vor allem Viren, Bakterien, Pilze und Insekten eine Rolle. Gurken können von *Gurkenmosaikviren* und vom *Grünscheckungsmosaik* befallen werden, was zu fleckigen Früchten und Blättern führt.

*Salatgurken* werden vorwiegend frisch als Salat verzehrt.

*Salzgurken*, in Nord- und Ostdeutschland als saure Gurken bekannt, sind durch Milchsäuregärung haltbar gemachte Gurken. Sie wurden schon in der römischen Antike geschätzt und sind heute hauptsächlich östlich einer gedachten Linie von Berlin nach Wien (*Salzgurkenmeridian*) im gesamten östlichen Europa und Russland verbreitet.

*Gewürzgurken* bzw. *Essiggurken* oder *Cornichons* (eigentlich Hörnchen, Verkleinerungsform von *corne*) sind junge, unreife  Gurken, die mit kochendem gewürzten Essig-Kräuter-Sud übergossen und damit pasteurisiert werden.

Wie ausgewachsene Schälgurken (normale Gurken) können sie roh gegessen werden.

Sie können auch zu *Senf-* oder *Honiggurken* verarbeitet oder als *Schmorgurken* zubereitet werden.

Gurken werden in Suppen und Kochgerichten verwendet.

In Ost- und Südasien werden sie gerne als Gemüsebeilage gekocht.

In Indien werden Gurken in Currys und Chutneys verwendet, die jungen Blätter und Sprossen werden als Gemüse gekocht.

Gurkensamen sind essbar. Aus ihnen wird auch Öl gewonnen.

Nährwert pro 100 g Gurken, roh:  65 kJ = 15 kcal

Wasser 95 g
Eiweiß 0.6 g
Kohlenhydrate 3.6 g
- davon Zucker 1.7 g
- Ballaststoffe 0.5 g
Fett 0.1 g

Vitamine und Mineralstoffe
Vitamin $B_1$ 0.03 mg, Vitamin $B_2$ 0.03 mg, Vitamin $B_3$ 0.10 mg
Vitamin $B_5$ 0.26 mg, Vitamin $B_6$ 0.040 mg, Vitamin $B_9$ 7 µg, Vitamin C 2.8 mg
Calcium 16 mg, Eisen 0.28 mg, Magnesium 13 mg, Phosphor 24 mg
Kalium 147 mg, Zink 0.20 mg

# 13 Die Karotte

Karotte, Möhre, gelbe Rübe: ein Gemüse – viele Namen.

Egal, wie man die Karotte nennt, gesund ist sie und tatsächlich auch gut für die Augen.

*Daucus* carota ssp. *sativus* ist eine zweijährige Pflanze aus der Familie der Doldenblütler.

Die Deutschen lieben gelbe Rüben. Auf der Gemüse-Beliebtheitsskala kommen sie nach den Tomaten an zweiter Stelle. Deshalb sind sie das ganze Jahr über zu kaufen, wobei 75 Prozent der automatisierten Massenproduktion aus heimischem Anbau stammen.

Nur etwa ein Viertel wird für die Wintermonate bis Mai importiert. So kommt etwa die Bundmöhre mit Laub (auch *Jungkarotte* genannt) aus Spanien und Italien.

Weltweit angebaut spielt sie eine wichtige Rolle in der industriell gefertigten Babynahrung. Spezielle Sorten in weiß, gelb, dunkelrot oder schwarzviolett bereichern das Angebot.

Die meisten Inhaltsstoffe finden sich bei der Karotte unter der Rinde, weswegen man Jungkarotten für den Rohverzehr lieber gründlich waschen oder bürsten sollte, anstatt sie zu schälen.

Um die Wirkung des fettlöslichen Beta-Carotins voll zu entfalten, sollte die Möhre immer mit etwas Butter oder ein paar Tropfen hochwertigen Speiseöls zubereitet werden.

Karotten sind vielseitig verwendbar. Als Rohkost sind sie ein gesunder Snack, im Salat ist die Kombination mit Nüssen, Sauerkraut und Äpfeln besonders beliebt.

Mit wenig Wasser gekocht oder noch besser gedünstet bietet die Möhre eine beliebte Gemüsebeilage, in vielen Eintöpfen und Suppen ist sie unverzichtbar.

Brot und Kuchen werden durch die gelben Rüben besonders saftig.

Man sollte die Karotte stets ungewaschen und ohne Laub lagern, da sie sonst früher zu welken beginnt. Im Angebot sind zu Beginn der Saison die knackigen Bundmöhren. Sie sind recht zart und daher nur begrenzt haltbar. Ab Mitte Juli gibt es die Waschmöhren zu kaufen. Sie halten sich bis zu vier Wochen im Kühlschrank, ebenso die Spätmöhren.

Wer Karotten einfriert, sollte sie vorher putzen, je nach Bedarf schälen, waschen und drei Minuten blanchieren. Anschließend kann man sie würfeln oder in Scheiben schneiden.

Beim Kauf ist darauf zu achten, dass die Möhren unversehrt und fest sind. Bei Bundkarotten ist das kräftige Grün des Laubes ein Frische-Indikator. Ein grüner Kopfansatz bei Waschkarotten hingegen ist ein Zeichen, dass diese bereits austreiben.


100 Gramm enthalten
Energie: 38 kcal, 158 kJ

Nährstoffe: Protein 0.8 g, Fett 0.3 g,
Kohlenhydrate 6.6 g, Nahrungsfasern 2.6 g
Mineralstoffe: Natrium 40 mg, Kalium 300 mg, Calcium 30 mg
Phosphor 25 mg, Magnesium 14 mg
Vitamine: A 0.77 mg, Betacarotin 7.6 mg, $B_6$ 0.16 mg, $C_7$ mg, E 0.5 mg

# 14 Der Knoblauch

Knoblauch (*Alium sativum*) hat seinen Ursprung in Zentralasien, wo er bereits vor über 5000 Jahren kultiviert wurde. Den ägyptischen Sklaven am Pyramidenbau diente er als Nahrung.

Über das Mittelmeer fand er seinen Weg nach Europa. Wahrscheinlich brachten ihn die Römer zu uns. Durch den Anbau in Klostergärten fand er bald Verbreitung. Der deutsche Name leitet sich aus dem Althochdeutschen "klioban" ("spalten") ab, was sich auf die "gespaltenen" Zehen der Pflanze bezieht.

Knoblauch ist der Lauchgattung zugehörig. Die Pflanze, die eine Höhe zwischen 30 und 90 Zentimetern erreicht, bildet Laubblätter. Diese sind bläulich-grün, flach und etwa anderthalb Zentimeter breit. An ihrem Ende befindet sich eine Hauptzwiebel, deren Schale weiß, rosafarben oder violett ausfallen kann. Darin befinden sich etwa zwischen vier und 20 länglich gekrümmte Zehen, alle mit einer eigenen Haut umhüllt.

Knoblauch gibt es das ganze Jahr über. Im Freiland angebaut, kann man ihn nicht nur frisch, sondern auch halbtrocken und trocken kaufen. Die Nachfrage aus Deutschland befriedigen neben China, dem weltweit größten Produzenten, die Länder Spanien, Frankreich, Italien und Argentinien.

Luftig und trocken gelagert halten sich Knoblauchzwiebeln beziehungsweise deren Zehen wochenlang in der Küche.

Mit seinem typischen scharf-aromatischen Geschmack eignet sich der Knoblauch zum Verfeinern und Würzen von Salaten, Saucen sowie Fleisch- und Gemüsegerichten. Kulinarisch weltweit beliebt, ist er speziell aus der mediterranen Küche sowie den Gerichten des Nahen Ostens und weiten Teilen Asiens nicht wegzudenken.

Beim Anbraten sollte Knoblauch nicht anbrennen, sonst wird er bitter und ungenießbar.

Knoblauch enthält unter anderem Vitamin A, B und C, sowie Kalium und Selen.

# 15 Der Kohl

*Kohl*, also Kohlgemüse wird heute auf allen Kontinenten angebaut. Alle Sorten der Gattung *Brassica oleracea*, so der lateinische Name des Gemüsekohls, gehören zur großen Familie der *Kreuzblütler*. Damit ist das Kohlgemüse ein Verwandter von *Raps, Rüben, Senf, Rettich, Radieschen* und von ungefähr 3000 weiteren Arten.

So unterschiedlich die Kreuzblütler sind, die Pflanzen haben einen hohen Gehalt an *Senfölen*, die den typischen Kohlgeschmack ausmachen.

Brokkoli ist in Nord- und Südamerika stark vertreten.
In Australien überwiegt der Blumenkohl.
In Europa und den Staaten der ehemaligen Sowjetunion isst man Weißkohl.

Schon vor mehreren tausend Jahren kultivierte man den Kohl und züchtete ihn auf bestimmte Merkmale hin. Damit wurde die Grundlage für die heutige Vielfalt an Kohlgemüse-Sorten gelegt.

Kohlgemüse gibt es also in den unterschiedlichsten Formen – von den dicken Rot- und Weißkohlköpfen über den zierlichen Rosenkohl bis zum fast salatartigen Chinakohl.

Auch seiner Herkunft nach ist der Kohl, der heute auch bei uns angebaut wird, keineswegs ein Deutscher. Eher schon Grieche oder Italiener, denn alle heutigen Gemüsekohlsorten stammen vom Wildkohl und dieser aus der Mittelmeerregion. Er besaß noch keine festen Köpfe, sondern hatte wie der Grünkohl – der Urform am ähnlichsten – eher locker angeordnete dicke Blätter. Wildkohl findet man noch in etlichen Mittelmeerländern und auf der Nordseeinsel Helgoland.

In der Antike finden sich mehrmals schriftliche Erwähnungen des Gemüses. Platon, Aristoteles und Hippokrates wussten bereits im 4. Jahrhundert vor Christus um die Heilwirkungen. Auch die Römer kultivierten den Kohl und bauten ihn als Gartengemüse an. Kohl wurde in Suppen gegessen oder eingesäuert.

Im Mittelalter begann der Kohl dann den Siegeszug gen Norden. Innerhalb weniger Jahrhunderte wurde er, ebenso wie die Rübe, in Deutschland zum unentbehrlichen Bestandteil des Speiseplans.

Kohl war unter dem Namen *caulos* in der Landgüterverordnung Karls des Großen enthalten, in der er Ende des 8. Jahrhunderts 73 Pflanzen festlegte, die auf den kaiserlichen Gütern angepflanzt werden sollten.

Besonders in Norddeutschland fand der Kohl ideale Wachstumsbedingungen vor. Er ist zwar nicht sehr anspruchsvoll, liebt aber nährstoffreiche Böden und braucht eine regelmäßige Wasserversorgung. In den deutschen Küstenregionen gedeiht er daher prächtig.

Norddeutschland war lange Hochburg des Kohls – was sich noch heute in Festen und den berüchtigten Kohlfahrten niederschlägt. Im Kreis Dithmarschen, Schleswig-Holstein existiert eine Kohlstraße von Brunsbüttel an der Küste nach Norden über Wesselburen bis Büsum.

Auch in weiteren deutschen Gegenden wird die Kohltradition hochgehalten, zum Beispiel auf den Fildern, einem Anbaugebiet auf einer Hochebene im Süden der baden-württembergischen Landeshauptstadt Stuttgart, wo auch jedes Jahr im Oktober das Filderkrautfest, Deutschlands größtes Kohlfest, gefeiert wird.

Über die Jahrhunderte erwies sich der Kohl in Notzeiten oftmals als Rettung für die Bevölkerung. Daher erhielt der Kohl den Ruf des *Arme-Leute-Essen*. Ausnahmen bildeten noch am ehesten Blumenkohl und Brokkoli, die als edler galten und daher auch nicht aus der feinen Küche verbannt wurden.

Nach dem Zweiten Weltkrieg war der Kohlanbau nicht nur lohnend, sondern er ersetzte den von Getreide, das durch billige Importe an Marktwert verloren hatte und dessen Anbau daher für die Bauern nicht mehr rentabel war.

Heute greift auch für die gehobene Küche wieder auf das vielseitig verwendbare Gemüse zurück.

Und auch in Afrika wachsen vor allem Weißkohlköpfe. Sie gedeihen vor allem in Hochlandregionen, in denen es genügend Niederschlag und weniger Hitze gibt. Führend beim Anbau sind Kenia und Ägypten, Äthiopien, Niger und Südafrika.

Kein Wunder also, dass sich Kohlgemüse auf Speisezetteln in aller Welt wiederfindet. Kohl und Lamm sind die Hauptbestandteile des norwegischen Gerichts Fårikål *Lamm in Kohl*.

Kohl findet sich auch traditionell in Polens Küche, vor allem im Nationalgericht *Bigos*, einem Sauer- und Weißkrauteintopf.

Selbst in Brasiliens Nationalgericht Feijoada, das ursprünglich afrikanischer Herkunft sein soll, findet sich – je nach Rezept – neben Bohnen und Schweinefleisch auch Kohl.

In allen osteuropäischen Ländern gehört der Kohlkopf traditionell auf den Speisezettel. In Russland ist er unverzichtbar für Schtschi, die russische Kohlsuppe, und Kohlrouladen. Die Ukrainer nehmen ihn gerne als Zutat für den Borschtsch.

In der Türkei gibt es Hunderte Rezepte mit Kohl – vom Weißkrautauflauf über gebratenen Blumenkohl bis zu Kohlrouladen. Und die Portugiesen teilen die Vorliebe der Norddeutschen für Grünkohl: Sie verwenden ihn beispielsweise für die Cremesuppe "Caldo verde", eines ihrer Nationalgerichte.

Auch in Asien gehört der Kohl zu den beliebtesten Gemüsen und wird in vielen Ländern wie China, Japan und Korea in Massen angebaut. Die Chinesen verwenden seit Jahrtausenden Chinakohl in ihrer Küche. In Korea ist Kohlgemüse in Form von Pak Choi oder Chinakohl unentbehrlicher Bestandteil des Nationalgerichts Kimchi. In Japan, wo traditionell viel Gemüse gegessen wird, heißt es Japankohl.

Ein sehr bekanntes Gericht aus Indien ist Pekora, frittiertes Gemüse, für das oft Blumenkohl verwendet wird. Auch ins indische Sambhara, ein vegetarisches Gericht, kommt neben anderen Gemüsesorten Kohl. Und die Amerikaner, die den Deutschen den Namen "Krauts" verpassten? Die lieben unter anderem ihren Cole Slaw, einen Weißkrautsalat mit etwas Möhre und sehr viel Mayonnaise.

# 16 Der Kopfsalat

Der *Kopfsalat* ist als Kulturpflanze schon seit etwa 500 v. Chr. bekannt.

Allerdings sah er da noch nicht so aus. Statt Köpfen wuchsen die Blätter in Büscheln. Kopfsalat ist ein Blattgemüse aus der *Lattich-Gruppe* (*Lactuca*-Gruppe) und einer der beliebtesten Salate der Deutschen.

Der *Wilden Lattich* stammt wahrscheinlich aus dem Mittelmeerraum, es gibt aber auch Stammformen in Afrika und Indien. Erst im Mittelalter gelangte der Salat wohl hauptsächlich über Klöster nach Mitteleuropa.

Den Kopfsalat gibt es als gelbgrüne, grüne und rotbraune Sorte. Die Pflanze wiegt zwischen 250 und 450 Gramm.

Er gedeiht besser in sonnigen Gebieten mit ausgeglichener Wasserversorgung.

Lange hält er sich nicht, daher sollte er frisch auf den Tisch.

Kopfsalat enthält unter anderem Zitronen- und andere Säuren. Das sorgt für frischen Geschmack. Er enthält auch Vitamin C, Folsäure und Beta-Carotin, das Provitamin A. Der Körper kann es in Vitamin A umwandeln: wichtig für das Sehen.

Das Blattgemüse enthält auch Kalium: Der Mineralstoff ist essentiell für Vorgänge in allen Zellen. Im Milchsaft, den der Kopfsalat beim Anschneiden absondert, sind die beiden Bitterstoffe Lactucin und Lactucopicrin enthalten. Sie sollen den Appetit anregen. Kalorien enthält der Kopfsalat kaum: Er besteht zu über 90 Prozent aus Wasser.

Wichtig: Kopfsalat kann Nitrat enthalten. Dieses kann sich im Körper teilweise zu Nitrit umwandeln. Nitrit wiederum kann die Sauerstoffversorgung der Organe beeinträchtigen: vor allem Säuglinge und Kleinkinder sollten möglichst wenig davon zu sich nehmen. Salat aus Freilandanbau enthält tendenziell weniger Nitrat.

Im Supermarkt ist der Kopfsalat das ganze Jahr über erhältlich. Von Anfang Mai bis Ende November wächst er auf heimischen Äckern, von Anfang März bis Mai und von Oktober bis Dezember in geschütztem Anbau. Den Rest des Jahres wird der Salat unter anderem aus Belgien und den Niederlanden importiert.

Kopfsalat sollte so frisch wie möglich gegessen werden, damit noch möglichst viele Vitamine darin enthalten sind.

Im Kühlschrank unbedingt vor Austrocknung schützen, zum Beispiel in einem feuchten Tuch, einer offenen Folienverpackung oder einer Kunststoffdose.

Vor der Zubereitung muss der Kopfsalat gründlich gewaschen werden und alle braunen Stellen müssen entfernt werden.

Um den Nitratgehalt zu reduzieren, die äußeren Blätter, harte Blattrippen und Strünke entfernen. Danach am besten rasch zubereiten, weil er sonst zusammenfällt.

Wie alle Salate sollte Kopfsalat mit wertvollem Öl zubereitet werden.

Kopfsalat schmeckt am besten frisch. Verglichen mit Rucola eher neutral im Geschmack.

Gemischt mit anderem Gemüse kann man ihn als Beilage oder als eigene Hauptmahlzeit genießen.


100 Gramm enthalten:
Energie: 14 kcal, 60 kJ
Nährstoffe: Protein 1.3 g, Fett 0.2 g, Kohlenhydrate 1.1 g, Nahrungsfasern 1.6 g
Mineralstoffe: Natrium 2 mg, Kalium 136 mg, Calcium 31 mg, Phosphor 17 mg, Magnesium 8 mg
Vitamine: Betacarotin 1.1 mg, $B_2$ 0.08 mg, $C_{13}$ mg, E 0.6 mg, Niacin 0.4 mg

# 17  Der Mais

*Mais* wurde vermutlich bereits 5000 vor Christi in Mexiko angebaut. Der Name leitet sich aus "mahiz" ab. So heißt Mais in der Sprache der Arawak, einem eingeborenen Volk an der Nordküste von Südamerika. Christoph Kolumbus entdeckte die Pflanze angeblich in der Karibik und brachte sie mit nach Europa, wo die Bepflanzung spanischer Felder 1525 begann.

Es gibt verschiedene Maissorten, die sich je nach Eigenschaft für spezielle Verwendungszwecke eignen. Der überwiegende Teil der globalen sowie der nationalen Maisernte wird an Nutztiere verfüttert. Vor allem in Afrika und Lateinamerika ist Mais jedoch das wichtigste Grundnahrungsmittel für Menschen. Bestimmte Sorten verarbeitet die Lebensmittelindustrie weiter, zum Beispiel zu Maismehl, Glukosesirup, Maiskeimöl oder Popcorn.

*Zea mays,* Zuckermais, ist eine Pflanzenart aus der Familie der Süßgräser. Sie hat sich aus dem normalen Futtermais entwickelt, die Kolben sind aber kleiner. Zuckermais ist eine einjährige Pflanze, deren Rispen an der Pflanzenspitze sitzen. Die weiblichen Blüten wiederum befinden sich in mehreren achselständigen Kolben, die mit mehreren Scheidenblättern umhüllt sind. Nach der Bestäubung entwickeln sich die hellgelben Körner mit ihrer dünnen Schale an den Kolbenachsen und reifen heran. Die Pflanze wird dabei bis zu drei Meter hoch.

Info: Mais ist eine Getreideart, die zum Beispiel zu Maisgrieß (Polenta) verarbeitet wird. Als Gemüse wird der Zuckermais verwendet.

Die USA sind weltweit der Hauptlieferant für Zuckermais. Die deutsche Produktion deckt jedoch nahezu komplett den ganzjährigen einheimischen Bedarf. Mais wird hierzulande ungefähr ab Anfang Mai ausgesät, weil er zum Keimen keine zu tiefen Temperaturen verträgt. Heimischen Zuckermais gibt es frisch vor allem von August bis Oktober zu kaufen.

Weil der Zuckermais schnell an Geschmack und Süße verliert, wenn er zu warm gelagert wird, sollte man Mais im Kühlschrank aufbewahren. Frischen Mais am besten sofort verzehren, maximal zwei bis drei Tage im Gemüsefach lagern.

Zuckermais wird meist in Butter gedünstet, gebacken, gegrillt oder gekocht. Letzteres sollte man in *ungesalzenem* Wasser tun und erst danach salzen, weil die Körner sonst hart werden.

100 Gramm enthalten:
Energie: 93 kcal, 391 kJ

Nährstoffe: Protein 3.3 g, Fett 1.2 g, Kohlenhydrate 15.7 g, Nahrungsfasern 2.8 g
Mineralstoffe: Kalium 289 mg, Calcium 2 mg, Magnesium 27 mg, Zink 0.6 mg,
Eisen 0.4 mg
Vitamine: A 9 µg, $B_1$ 0.15 mg, $B_2$ 0.15 mg, $B_6$ 0.12 mg, Niacin 1.7 mg,
Pantothensäure 0.89 mg

# 18 Die Paprika

Die *Paprika* kommt ursprünglich aus Mittel- und Südamerika. Archäologische Forschungen ergaben, dass sie bereits 7000 v. Chr. in wilder Form als Nutzpflanze diente. Ab etwa 5200 v. Chr. wurde sie durch Selektion gezüchtet.

Christoph Kolumbus brachte die Paprika aus Amerika nach Europa, von wo sie in den verschiedensten Varianten durch den portugiesischen Kolonialismus und weltweiten Handel schnell zum Bestandteil in den Küchen aller Kontinente wurde. So ist die Chili als Frucht oder Gewürz aus den meisten Küchen, in denen scharf gekocht wird – wie etwa Mexiko, Indien oder Thailand – nicht mehr wegzudenken.

Im Deutschen werden die großen, milden, als Gemüse verwendeten Sorten als *Paprika* bezeichnet, die kleinen, scharfen Gewürzpaprika meist als *Peperoni* oder *Chilischoten*.

Der deutsche Ausdruck *Paprika* wurde etwa im 19. Jahrhundert aus dem Ungarischen übernommen und bezeichnet sowohl das Gewürz als auch die Frucht.


*Chili* bezeichnet die Gattung *Capsicum* der Paprika und meint im allgemeinen Sprachgebrauch insbesondere die scharfen Früchte mancher Sorten dieser Gattung. Das Wort *Chili* kommt aus dem Mexikanischen und kann sowohl die *Frucht*, als auch das *Gewürz* oder das *Gericht* meinen.

Gemüsepaprika sind äußerst vielseitig verwendbar: Sie sind ein leckerer Rohkostsnack.

Als typisch italienische Vorspeise werden sie gerne eingelegt in Öl gegessen. Sie lassen sich grillen und braten, ihre Form bietet sich aber auch zum Füllen an. Paprika schmecken auch in Eintöpfen und in den verschiedensten Arten von Reis-, Nudel- und Schmorgerichten, wie etwa Ratatouille.

Paprikapulver aus getrockneten und gemahlenen Früchten bekommt man in verschiedenen Schärfegraden. Vorsicht bei der Zubereitung von Chilis und Peperonis! Wer keine Handschuhe anzieht, sollte sich nicht nachher mit den Händen ins Auge fassen.

Paprika sind meist mehrjährige, krautige Pflanzen, deren Samen oberirdisch keimen. Die Pflanze wächst je nach Sorte bis auf 150 Zentimeter Größe heran.

Botanisch betrachtet ist die Gemüsepaprika eine Beerenfrucht, obwohl sie umgangssprachlich als Schote bezeichnet wird. Je nach Sorte gibt es das Nachtschattengewächs in den verschiedensten Farbabstufungen von wachsweiß über hell- und dunkelgrün, gelb, orange bis rot. Auch die Formen sind vielfältig: rund, herz- oder kegelförmig, flach und spitz oder stumpf auslaufend sowie vierkantig. Die Außenhaut ist glatt, matt bis stark glänzend. Im Inneren finden sich dünne weiß-gelbliche Scheidewände, auf denen weiche, weiße Samenkerne sitzen.

Paprika gibt es bei uns das ganze Jahr hindurch. Hochsaison ist zwischen Sommer und Spätherbst. Angebaut wird das Gemüse in tropischen und gemäßigten Zonen. In letzteren vor allem unter Glas und Folie.

Paprika mögen es zwar kühl und dunkel, im Kühlschrank ist es ihnen aber fast zu kalt. Besser zur Lagerung geeignet sind Speisekammer oder Keller. Achten Sie beim Kauf auf eine glänzende, knackige, unverletzte Haut ohne Flecken, der Stiel sollte frisch aussehen.

100 Gramm rohe Paprika enthalten 28 Kilokalorien, 1.17 Gramm Protein, 4.73 Gramm Kohlenhydrate und 0.33 Gramm Fett.

Weitere wichtige Inhaltsstoffe: 212 mg Kalium, 12 mg Magnesium, 11.2 mg Calcium, 5 mg Tocopherol.

In der roten Paprika ist der Vitamin C-Gehalt im Vergleich zu andersfarbigen Paprika besonders hoch. Während 100 Gramm grüne Paprika etwa 140 mg Vitamin C enthalten, sind es bei einer roten Tomatenpaprika etwa 400 mg.

Damit zählt die Paprika zu den Vitamin-C-reichsten Nahrungsmitteln.

Das Geheimnis der unterschiedlichen Farben und Geschmacksrichtungen liegt nicht in der Sorte sondern im Reifegrad: die grünen Schoten werden als erste geerntet und sind damit relativ unreif. Mit zunehmendem Reifegrad wird die Paprika gelb.

# 19 Der Spargel

Ursprünglich war der Spargel in den warmen und gemäßigten Regionen Süd- und Mitteleuropas, Vorderasiens und Algeriens zu Hause.

Seine medizinische Wirkung war den Chinesen schon vor über 5000 Jahren bekannt, später auch den Ägyptern, Griechen und Römern.

Letztere brachten die edlen Stangen über die Alpen. Belegt ist der Anbau des grünen Spargels in unseren Breiten jedoch erst im 16. Jahrhundert. Im 17. Jahrhundert hatte er in deutschen Klöstern und an Fürstenhöfen den Ruf als beliebtes Edelgemüse. Weißer Spargel hingegen wurde erst ab dem 19. Jahrhundert gezüchtet.

Der *Asparagus officinalis* (Gemüsespargel) ist eine mehrjährige, krautige Pflanze. Man unterscheidet zwischen Bleich- und Grünspargel.

Weißer Spargel wächst unter der Erde. Bei Kontakt mit Sonnenlicht verfärbt er sich violett. Darum werden die hierzulande beliebten weißen Stangen gestochen bevor sie durch die Erde brechen.

In Asien und den USA wird überwiegend grüner Spargel angebaut. Seine Triebe wachsen oberirdisch, das Tageslicht regt sie an Chlorophyll zu erzeugen. Daher die grüne Farbe.

Weltweit steht China in der Produktion der Stangen auf Nummer eins. Deutschland ist mit zahlreichen Anbaugebieten Europas Spitzenerzeuger für Spargel. Die einheimische Spargelsaison dauert für den Bleichspargel etwa von Mitte April bis traditionell 24. Juni. Die Saison für Grünspargel beginnt etwas später.

Importware kommt vor allem aus Griechenland, dem Vize-Weltmeister Peru, sowie aus Spanien und Frankreich.

Grüner Spargel wird überwiegend aus Thailand und Südamerika bezogen.

Spargel besteht zu 93 Prozent aus Wasser und hat wenig Kalorien, doch viele Vitamine und Nährstoffe.

Frischen Spargel erkennt man am Queitschen der Stangen, wenn man diese aneinanderreibt. Weitere Kennzeichen sind eine feuchte Schnittstelle und eine glänzende, unverletzte Schale.

Spargel verbraucht man am besten sofort nach dem Einkauf. In feuchte Tücher gewickelt kann ungeschälter Spargel maimal zwei bis drei Tage im Kühlschrank liegen. Gut geschält lassen sich die rohen Stangen allerdings auch einfrieren.

Beim weißen Spargel werden die unteren Spargelenden abgeschnitten. Je nach Frische genügen üblicherweise ein oder zwei Zentimeter. Zum Schälen setzt man das Spargelschälmesser etwa drei Zentimeter unter dem Kopf an und zieht es hinunter.

Grünspargel lässt sich unkomplizierter zubereiten, da er höchstens ein wenig am unteren Ende geschält werden muss.

Der Schäl-Abfall kann als Basis für eine Sauce oder eine Cremesuppe verwendet werden.

Zum Garen werden die Stangen am besten in geeigneten Kochtopfeinsätzen oder zu Bündeln verschnürt stehend in kochendes Wasser gegeben. Das Wasser sollte nur bis knapp unter die Köpfe reichen und mit einer Prise Salz, Zucker, einem Stück Butter und eventuell wenigen Tropfen Zitronensaft versetzt sein. Nach zehn bis zwanzig Minuten ist das Gemüse bissfest. Grünspargel ist schneller gar.

Zubereitet wird Spargel gerne mit zerlassener Butter – als Hauptgericht mit jungen Kartoffeln oder als Beilage. Manche schwören auf Sauce béarnaise oder Sauce hollandaise.

Auch Spargelsalate sind beliebt.

Spargel enthält neben Wasser vor allem Eiweiß, Asparaginsäure, reichlich Vitamin C, $B_1$, $B_2$, $B_6$ und E sowie Niacin, Folsäure, Kalium, Phosphor, Magnesium, Calcium, Natrium und Eisen.

Aufgrund seines hohen Nährstoffgehalts hilft Spargel bei zahlreichen gesundheitlichen Beschwerden:

Seit der Antike verwendet man Spargel zur Erhöhung des Harnflusses bei Durchspülungstherapien und zur Behandlung von Harnwegsinfekten. Harntreibend wirkt dabei die Aminosäure Asparaginsäure.

Die Asparaginsäure des Spargels beugt der Bildung von Nierensteinen vor.

Die im Spargel enthaltene Folsäure sowie die Vitamine $B_2$ und $B_6$ senken den Homocysteinspiegel und stärken so das Herz.

Auch für den Darm bietet der Spargel einen sicheren Schutz: die Folsäure stabilisiert in Kombination mit hohem Vitamin C-Gehalt die Darmschleimhaut. Zusätzlich kräftigt der Spargelfaserstoff *Inulin* die Darmflora.

Spargel ist eine gute Quelle für die Knochenmineralien *Calcium* und *Magnesium*, die im guten Verhältnis 2:1 zueinander vorliegen. Auch das Eiweiß des Spargel unterstützt den Knochenstoffwechsel; immerhin enthält eine große Portion Spargel etwa 10 g Eiweiß.

Das *Tryptophan* des Spargels hebt die Laune.

*Sarsapogenin* greift Hefepilze (Candida) sowie Leukämiezellen an und schützt so vor Krebs. Für eine therapeutische Wirkung sollte Spargel in größeren Mengen mehrere Tage in der Woche auf den Tisch kommen. Die krebsschützende Wirkung wird unterstützt durch die sekundären Pflanzenstoffe *Lycopin* und *Lutein* sowie durch *Zink* und *Mangan*.

Spargel enthält Eiweiß, Asparaginsäure, reichlich Vitamin C, $B_1$, $B_2$, $B_6$ und E sowie Niacin, Folsäure, Kalium, Phosphor, Magnesium, Calcium, Natrium und Eisen.


100 g Spargel enthalten 20 Kalorien

0.1 g Fett, Zucker 1.9 g, Protein 2.2 g, Mehrfach ungesättigte Fettsäuren 0.1 g, Natrium 2 mg, Magnesium 14 mg, Kalium 202 mg Kohlenhydrate, 3.9 g, Ballaststoffe 2.1 g; Vitamin A 0.7 mg, Vitamin C 5.6 mg, Calcium 24 mg, Eisen 2.1 mg, Vitamin $B_6$ 0.1 mg

# 20 Der Spinat

*Spinacia oleracea* ist ein Blattgemüse aus der Familie der Gänsefußgewächse. Es gibt etwa 50 Sorten dieser einjährigen krautigen Pflanze.

Hierzulande kommt *Spinat* nahezu ausschließlich aus dem Freilandanbau, europäische Hauptanbaugebiete sind Italien, Deutschland und Frankreich.

Etwa 80 Prozent der Spinatproduktion wird für die Herstellung von industriell gefertigten Lebensmitteln verwendet – zum Beispiel für Tiefkühlprodukte wie Pizza.

Der eigentliche Blattspinat aus einzelnen jungen Blättern samt Stiel ist von März bis Juni im Angebot. Den Rest des Jahres bekommt man vor allem Wurzelspinat, also ältere Pflanzen, die samt Wurzelansatz als ganze Blattrosette geerntet werden.

Wer frischen Spinat nicht sofort zubereitet, sollte ihn nicht länger als zwei Tage im Kühlschrank aufbewahren.

Tiefkühlware ist eine gute Alternative zu frischem Spinat. Kauft man Spinat roh, sollte man auf knackige, frisch aussehende Blätter und Stiele achten. Bei der Zubereitung werden dicke Stengel und Wurzeln entfernt, erst kurz vor der Verwendung wird der Spinat gewaschen.

Als Salat eignet sich der junge Blattspinat am besten, Winterspinat wird blanchiert oder gedünstet. So ist er als Gemüsebeilage, sowie für Eintöpfe, Aufläufe und Lasagne, Quiches und auch als Füllung für Rouladen und Ravioli ausgezeichnet zu verwenden. Da er bei der Zubereitung stark an Volumen verliert und in sich zusammenfällt, muss man für vier Personen mit zwei Kilo des Gemüses oder mehr pro Hauptmahlzeit rechnen. Neben Salz und Pfeffer passen Muskatnuss, Knoblauch und Zwiebeln zu Spinat.

Achtung: Das im Spinat enthaltene Nitrat kann sich in giftiges Nitrit umwandeln. Dieses wiederum kann vor allem bei Säuglingen den Sauerstofftransport behindern. Die Entstehung von Nitrit wird durch Aufwärmen und Lagern bei Zimmertemperatur begünstigt. Säuglinge vor dem fünften Lebensmonat sollten daher gar keinen und ältere Kinder keinen aufgewärmten Spinat erhalten, da sie besonders empfindlich für Nitrat sind.

In industriell hergestellter Babynahrung wird der Nitratgehalt kontrolliert. Bei selbstgekochtem Brei nicht!

Auch Erwachsene sollten Spinat allenfalls einmal aufwärmen: dies jedoch nur, wenn er zuvor nicht lange warm gehalten, rasch abgekühlt, nicht länger als einen Tag aufbewahrt und zwischenzeitlich kühl gelagert wurde. Also eher nicht.

100 g Spinat enthalten:
Energie: 23 kcal, 95 kJ

Nährstoffe:
Protein 2.7 g, Fett 0.4 g, Kohlenhydrate 0.8 g, Nahrungsfasern 2.6 g
Mineralstoffe: Natrium 65 mg, Kalium 529 mg, Calcium 104 mg, Phosphor 52 mg, Magnesium 58 mg
Vitamine: A 401 µg, Betacarotin 4810 µg, B2 0.22 mg, C 40 mg, E 1.84 mg

Die in alten Nährwerttabellen angegebene Eisenmenge von 35 mg in 100 g frischem Spinat ist fehlerhaft. Der Wert entstand vermutlich aus einer Analyse von getrocknetem Spinat.

Da frischer Spinat zu etwa 92 Prozent aus Wasser besteht, ergeben sich bei 100 g frischem Spargel statt der behaupteten 35 mg nur etwa 4.1 mg Eisen.

Allerdings ist selbst dieser Wert in Gemüse ein Spitzenwert:
beispielsweise enthalten 100 g Möhren 2.1 mg Eisen und 100 g Tomaten 0.5 mg Eisen; Möhren also etwa nur die Hälfte von frischem Spinat.

# 21 Die Tomate

*Tomaten (Solanum lycopersicum)*. Die krautigen, einjährigen Pflanzen stammen aus der Familie der Nachtschattengewächse.

Ihre Stengel und gefiederten Blätter sind fein behaart. Den Drüsenhaaren entströmt der typische Geruch. Die Tomate bildet kleine, leuchtend gelbe Blüten aus, die von Insekten, vom Wind oder per Hand bestäubt werden. Nach etwa zwei Monaten entwickeln sich Früchte, die in ihrem Inneren umgekehrt eiförmige, beigefarbene Samen beherbergen.

Sie gehören botanisch zu den Beeren.

Reife Früchte färben sich in Rottönen, bei manchen Züchtungen auch in Gelb, Orange, Grün oder Violett.

Neben runden gibt es auch pflaumen-, dattel- oder birnenförmige sowie gefurchte Exemplare. Beliebt sind Rispen- und Kirschtomaten, Eiertomaten, gerippte Tomaten oder Fleischtomaten, wobei immer neue Züchtungen hinzukommen und alte Sorten wiederentdeckt werden.

Tomaten sind das ganze Jahr über erhältlich. In den Wintermonaten stammen sie hauptsächlich aus Spanien, Italien, Marokko und Israel. Deutsche Freilandware gibt es vor allem von Juni bis August.

Tomaten werden am besten bei Zimmertemperatur gelagert. Ideal sind 12 bis 16 Grad, bei Rispentomaten 15 bis 18 Grad.

Rispen und Stengel sollten an den Früchten verbleiben. Bei der Aufbewahrung im Kühlschrank leiden Qualität und Geschmack. Da Tomaten das die Reife beschleunigende Gas Ethylen absondern, welkt und verdirbt anderes, ethylenempfindliches Obst und Gemüse bei gemeinsamer Lagerung schneller.

Der grüne Stielansatz von Tomaten enthält ebenso wie Blätter und grüne, unreife Früchte das giftige Solanin und sollte vor dem Essen entfernt werden.

Auch unreife Tomaten sollte man wegen des Solaningehaltes nicht essen oder verarbeiten.

Reif eignet sich das Gemüse frisch als Zutat für Salate.

Zubereiten lässt es sich auch als Sauce für Nudeln und Pizza oder als Suppe.

Industrielle Erzeugnisse sind Saft, Mark, Pulver, Konserven, Püree oder Ketchup.

Getrocknete Tomaten schmecken besonders aromatisch.

100 Gramm enthalten:
Energie: 21 kcal, 89 kJ
Nährstoffe: Protein 0.8 g, Fett 0.3 g, Kohlenhydrate 3.2 g, Nahrungsfasern 1.2 g.
Mineralstoffe: Natrium 2 mg, Kalium 224 mg, Calcium 9 mg, Phosphor 17 mg, Magnesium 6 mg.
Vitamine: Betacarotin 494 µg, $B_1$ 0.06 mg, $B_6$ 0.08 mg, C 18 mg, E 1 mg.

Die Tomate besitzt nicht nur hohe Mengen Vitamin C, sondern auch B-Vitamine, welche die geistige Konzentration fördern. Das Eisen der Tomate liefert Energie, Folsäure schützt vor Arterienverkalkungen.

# 22 Die Zwiebel

Die Herkunft der *Küchenzwiebel*, einer der ältesten Kulturpflanzen, ist ungewiss, weil nicht bekannt ist, von welcher wildlebenden Art sie abstammt.

Bekannt ist hingegen, dass sie seit über 3000 Jahren kultiviert wird. Römische Legionäre brachten sie nach Mitteleuropa, wo sie sich rasch verbreitete. Aus dem Lateinischen cepula ("Köpfchen") leitet sich auch unser Name für die Zwiebel ab, die im Mittelalter als Schutz gegen Pest und Cholera verwendet wurde.

Es gibt zahlreiche Zwiebelsorten, die sich in Größe, Form, Farbe und Geschmack voneinander unterscheiden. Neben der *Küchenzwiebel* wären etwa die *Gemüsezwiebel*, die *Rote Zwiebel*, die *Lauch- oder Frühlingszwiebel* sowie die *Schalotte* zu nennen.

*Allium cepa*, die Küchen- oder Hauszwiebel, auch Gemeine Zwiebel genannt, ist eine Pflanzenart aus der Gattung Lauch. Die ausdauernde krautige Pflanze wird meist nur ein- oder zweijährig kultiviert.

Aus der sogenannten Zwiebelscheibe sprießt im ersten Jahr eine Rosette aus bis zu 15 Laubblättern, die innen hohl sind und im Querschnitt die Form eines Halbkreises aufweisen. Die Blätter bilden als Speicherorgan eine Schalenzwiebel, deren Außenschalen vertrocknen und als Schutzhülle dienen.

Im zweiten Jahr wächst die Zwiebelscheibe zu einem bis zu 120 Zentimeter langen, hohlen Schaft heran. Dieser ist im Querschnitt kreisförmig und unten bauchig, während an seiner Spitze eine nahezu kugelförmige Scheindolde aus bis über 100 Einzelblüten sitzt.

Die Aussaat der Sommerzwiebel erfolgt im Frühjahr. Geerntet wird sie zwischen August und Oktober. Winterzwiebeln zeichnen sich durch einen etwas saftigeren und milderen Geschmack sowie durch geringere Lagerfähigkeit aus. Nach ihrer Aussaat im August überwintern sie, reifen im Frühjahr heran und können ab Juni geerntet werden.

Eine Alternative zur Aussaat ist das Pflanzen von Steckzwiebeln. Diese werden wie die Sommerzwiebel zwischen August und Oktober geerntet.

Die Haltbarkeit der Zwiebel hängt von der jeweiligen Sorte ab. Während frische Lauchzwiebeln schon nach kurzer Zeit im Gemüsefach des Kühlschranks ihre

Knackigkeit verlieren, können andere Sorten mehrere Monate gelagert werden – am besten an einem dunklen, kühlen, trockenen Ort, an dem sie Luft bekommen.

Beim Kauf auf pralle, unbeschädigte Knollen mit trockenen Außenhäuten und Stengeln achten.

Wichtig: fault eine Zwiebel im Netz, verderben die anderen schnell.

Die Zwiebel erweist sich in der Küche als äußerst vielseitig. Als Gewürz kann sie für praktisch alle herzhaften Speisen verwendet werden, als Gemüsebeilage sowie als eigenständiges Gericht, etwa als Zwiebelsuppe oder -kuchen.

Um die Intensität der flüchtigen Sulfid-Verbindungen nicht zu verlieren, die ihren Geschmack ausmachen, sollte die Zwiebel immer erst kurz vor ihrer eigentlichen Verwendung angeschnitten werden. Beim Anbraten darauf achten, dass die Zwiebeln nicht anbrennen, das Gemüse wird sonst schnell bitter und ungenießbar.

100 g enthalten:
Energie: 39 kcal, 163 kJ

Nährstoffe: Protein 1.3 g, Fett 0.2 g, Kohlenhydrate 7 g, Nahrungsfasern 1.8 g
Mineralstoffe: Natrium 4 mg, Kalium 105 mg, Calcium 28 mg, Phosphor 34 mg
Magnesium 9 mg
Vitamine: $B_1$ 0.06 mg, $B_2$ 0.02 mg, $B_6$ 0.14 mg, C 7 mg, E 0.14 mg

Die Zwiebel hat einen hohen Anteil an ätherischen Ölen. Wir weinen also, weil die Zwiebel so gesund ist! Zwiebeln sind gute Lieferanten von Kalium, Vitamin B und Vitamin C – gesund sind sie aber auch wegen ihrer Antioxidantien. Die rote Zwiebel sticht dabei besonders hervor.

# Wichtige Hinweise

Frische Sprossen und Keimlinge sind ballaststoffreich, und sie liefern Vitamine und Eiweiß. Besonders beliebt sind sie als Zutat in Salaten.

Um das Risiko eventueller Keimbelastung zu verringern, sollte man rohe Sprossen vor dem Verzehr gründlich waschen und zügig aufbrauchen. Im Kühlschrank lassen sie sich ein bis zwei Tage aufbewahren. Kinder, Senioren, Schwangere und Personen mit geschwächter Immunabwehr sollten allerdings auf den Verzehr roher Sprossen verzichten. Gründliches Erhitzen dagegen tötet Bakterien sicher ab. Sprossen von Hülsenfrüchten müssen grundsätzlich in kochendem Wasser blanchiert werden, um unerwünschte Pflanzenstoffe zu inaktivieren.

Viele europäische Länder empfehlen Erwachsenen und Kindern ab einen Jahr täglich mindestens fünf Portionen Obst und Gemüse sowie den Verzehr von Vollkornlebensmitteln. Insgesamt sollten drei Viertel der Lebensmittel, die wir zu uns nehmen, pflanzlich sein.

Was ist eine Portion Obst und Gemüse (wahlweise):

1 Hand voll großer, ganzer Früchte wie Apfel, Pfirsich, Birne
2 Hände voll kleiner Früchte wie Erdbeeren oder Johannisbeeren (auch tief gefroren)
1 Hand voll unzerkleinertes Gemüse wie Kohlrabi, Tomate
2 Hände voll Salat oder zerkleinertes Gemüse wie Brokkoli (auch tiefgefroren)
1 Hand voll zubereiteter Hülsenfrüchte wie Bohnen, Linsen oder Erbsen
½ Hand voll (ca. 25 g) Trockenfrüchte wie Aprikosen oder Pflaumen
½ Hand voll (ca. 25 g) geschälter, ungerösteter und ungesalzener Nüsse
1 Glas Frucht- oder Gemüsesaft mit 100 Prozent Fruchtgehalt

Je länger Obst und Gemüse liegen, desto höher ist ihr Vitaminverlust. Sie verlieren an Feuchtigkeit und an Qualität.

Daher sind für die Lagerung zu beachten:

kühle Temperatur
hohe Luftfeuchtigkeit
regelmäßiger Luftaustausch
Dunkelheit und Frostsicherheit

Weitere Bücher zum Thema *Ernährung und Gesundheit*


Helmut Moldaschl
**Das kleine Vitamin-Buch**
Taschenbuch: 48 Seiten
Verlag: Books on Demand; Auflage: 1 (22. November 2018)
Sprache: Deutsch
ISBN-10: 3752876336
ISBN-13: 978-3752876338
Kindle 3.49 €  Taschenbuch 8.95 €


Helmut Moldaschl
**Das kleine Buch der Mineralstoffe**
Taschenbuch: 60 Seiten
Verlag: Books on Demand; Auflage: 1 (22. November 2018)
Sprache: Deutsch
ISBN-10: 3748100264
ISBN-13: 978-3748100263
Kindle 5.99 €  Taschenbuch 7.95 €